COLLECTION ALEXIS ROUART

Première Vente

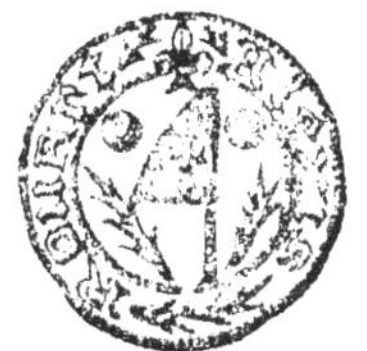

BIBLIOTHÈQUE

DE FEU

M. ALEXIS ROUART

CONDITIONS DE LA VENTE

La vente sera faite au comptant.

Les adjudicataires paieront 10 pour 100 en sus des enchères.

Les livres vendus devront être collationnés dans les vingt-quatre heures de l'adjudication. Passé ce délai, ils ne seront repris pour aucune cause.

M. Paul Cornuau remplira les commissions qu'on voudra bien lui confier. Il se réserve la faculté de réunir ou de diviser les numéros du catalogue.

Les livres composant ce catalogue pourront être examinés à la **librairie Paul Cornuau**, *13, boulevard Haussmann, du lundi 3 avril au samedi 22 avril, de 2 heures à 6 heures.*

ORDRE DES VACATIONS

Jeudi.	27 avril.	Nos 1 à 135.
Vendredi . . .	28 —	— 136 à 270.
Samedi	29 —	— 271 à 407.

CATALOGUE

DE

BEAUX LIVRES

DANS DE

BELLES RELIURES

DE

l'Epoque Romantique

PUBLICATIONS GOUPIL

LIVRES D'ART

Composant la Bibliothèque de feu M. Alexis ROUART

ET DONT LA VENTE, PAR SUITE DE SON DÉCÈS

AURA LIEU A PARIS

HOTEL DROUOT, SALLE N° 7

Les Jeudi 27, Vendredi 28 et Samedi 29 Avril 1911

A DEUX HEURES

COMMISSAIRE-PRISEUR

Me Henri BAUDOIN, Successeur de M. Paul CHEVALLIER

10, rue Grange-Batelière, 10

ASSISTÉ DE

M. Paul CORNUAU, Libraire, 18, Boulevard Haussmann

PARIS 1911

DÉSIGNATION

1. Achard Amédée. Une saison à Aix-les-Bains, illustrée par Eugène Ginain. *Paris, E. Bourdin, s. d.* 1850, gr. in-8°, fig., cart. de l'édit., avec plaque dorée.

   Premier tirage.

2. Alamanni (Luigi). La Coltivatione di Luigi Alamanni al christianissimo re Francesco Primo. *Stampato in Parigi da Ruberto Stephano*, 1546, pet. in-4°, mar. violet, large dent. composée de fers dorés au pointillé, compart. de fil., dos orné, doublé de mar. orange avec encad. de mar. violet, dent. int., gardes en soie rose, encad. d'une bordure de mar., tr. dor. *Rel. romantique*.

   Curieuse reliure romantique doublée. Lettre S couronnée sur les plats.

3. Album de la Jeunesse Recueil de morceaux de littérature de Chateaubriand, V. Hugo, Mérimée, etc. *Paris, Louis Janet*, 1831, in-18, 4 fig. sur acier, mar. br., compart. dor. et à fr. à la cathédrale, dos orné, dent. int., tr. dor. *Rel. de l'époque*.

   Manque le faux titre.

4. Album de la Jeunesse Recueil de morceaux de litterature de Chateaubriand, V. Hugo, Mérimée, Saintine, etc. *Paris, Louis Janet*, 1831, in-18, 4 fig. sur acier, veau bleu, compart. de dent. dor. et à fr., dos orné, dent. int., tr. dor. *Rel. de l'époque*.

5. Album littéraire. Recueil de morceaux choisis de littérature contemporaine. *Paris, Louis Janet*, 1830, in-18, fig. sur acier, cart. soie bleue, fers dor. à la cathédrale, dos orné, tr. dor., étui. *Rel. de l'époque*.

6. ALBUM ROMANTIQUE, contenant du papier blanc, in-4° obl., mar. vert, plats ornés de riches compart. à la cathédrale en mosaïque de mar. rouge, vert, citron et violet, tr. dor.

Belle reliure mosaïquée.

7. ALBUM ROMANTIQUE, contenant du papier blanc (quelques dessins au commencement), in-4° obl., mar. brun, plats décorés de riches compart. en mosaïque de mar. rouge, citron, vert et violet, dos orné, tr. dor.

Belle reliure mosaïquée.

8. ALBUM ROMANTIQUE, contenant des lithographies coloriées, la plupart de H. Bellangé, petit in-fol. obl., mar. violet, plats ornés de riches compart. en mosaïque de mar. rouge, vert, citron et violet, dos orné, tr. dor.

Belle reliure mosaïquée.

9. ALBUM ROMANTIQUE, contenant des vignettes tirées d'ouvrages (V. Hugo : Feuilles d'automne ; Vigny : Stello ; Nodier : Journal de l'Expédition des Portes de Fer, etc.), pet. in-4° obl., mar. rouge, mil. et coins mosaïqués, tr. dor. (*Simier.*)

10. ALBUM ROMANTIQUE, contenant du papier blanc, in-4° obl., mar. violet, riches compart. dor. et à fr. sur les plats, dos orné, dent. int., tr. dor.

11. ALCORAN DE LOUIS XIV (l') ou le testament politique du cardinal Jules Mazarin. Traduit de l'italien. *Roma (Hollande)*, 1695, pet. in-12, mar. violet, dent., dos orné de fers dor. au pointillé, doubl. et gardes de soie rose, dent. int., tr. dor. (*Bozérian jeune.*)

Ouvrage satirique attribué à Gatien de Courtils, sieur de Sandras ; il se joint à la collection des Elzévir. Très jolie reliure.

12. ALEXANDER (William). The Costume of China, illustrated in forty-eight coloured engravings. *London, Published by W. Miller*, 1805, in-4°, nombr. pl. en couleurs, mar.

bleu, riches compart. de dent. formant encadrem. sur les plats, dos orné de fers au pointillé, doubl. et gardes de moire rouge, large dent. int., tr. dor.

Belle reliure anglaise de l'époque.

13. Alibert. Physiologie des passions, ou nouvelle doctrine des sentimens moraux. 2e édition. *Paris, Béchet jeune*, 1826, 2 vol. in-8°, fig. par Couché, Maurice, etc., veau rouge, dent. et fil. à fr., dos orné de fers dor., dent. int., tr. dor. *Rel. de l'époque.*

14. Almanacco Toscano per l'anno 1847. *Firenze, s. d.* (1847), pet. in-8°, portr., mar. citron, plats couv. de riches compart. de mosaïque peinte en bleu, rouge et vert, dos orné et mosaïqué, dent. int., tr. dor. *Rel. de l'époque.*

Curieuse reliure italienne mosaïquée, aux armes de Léopold II, grand-duc de Toscane.

15. Almanach. Chansonnier des dames. *Paris, Janet, s. d.* (1825), in-18, front. et musique grav., cart. avec large bordure mosaïquée, dos orné, tr. dor., étui.

Curieux et très frais cartonnage romantique. Sans le calendrier.

16. Almanach. Chansonnier des dames. *Paris, Louis Janet, s. d.* (1825), in-18, front. et musique grav., mar. citron, riche bordure en mosaïque de mar. rouge, vert et citron, encadrant des sujets coloriés sous verre en médaillon au centre des plats, dos orné et mosaïqué, doubl. et gardes de soie marron, tr. dor. *Rel. de l'époque.*

Charmante reliure romantique mosaïquée. Sans le calendrier.

17. Almanach des dames. *A Tubingue et Paris, s. d.*, in-18, fig., mar. bleu, fil. dor. et compart. à fr. sur les plats, dos orné, tr. dor., étui de mar. bl. *Rel. de l'époque.*

18. Almanach dédié aux dames pour l'an 1812. *Paris, Le Fuel, s. d.* (1812), in-18, fig., cart. soie bleue, dent., sujets peints sur les plats, dos orné, tr. dor., étui. *Rel. de l'époque.*

19. Almanach. Hommage aux dames. *Paris, Louis Janet, s. d.* (*calendrier pour 1822*), in-18, 6 fig., mar. rouge, dent. et mil. à fr., dos orné, dent. int., tr. dor. (*Rel. de l'époque.*)

20. Almanach. Hommage aux dames. *Paris, Louis Janet, s. d.*, in-18, cart. soie blanche, avec dent. dor. et fixé représentant un paysage encad. sur le premier plat, grande lyre entourée d'une dent. dor. sur le second plat. dos orné, tr. dor., étui. (*Rel. de l'époque.*)

Charmante et fraîche reliure. Sans le calendrier.

21. Almanach. Hommage aux dames. *Paris, Janet, s. d.*, in-18, cart. et étui illustres de l'époque.

Très joli et frais cartonnage romantique avec sujets gravés et coloriés sur les plats. Sans le calendrier.

22. Almanach. Les Nuits d'amour, par E. J. D. *Paris, Janet, s. d.* (*calendrier pour 1813*), pet. in-18, 4 fig., cart. rose dent., dos orné, tr. dor., étui. (*Rel. de l'époque.*)

23. Almanach. Six nouvelles à l'usage de la jeunesse, par l'Ablée, ornées de six gravures. *Paris, Janet, s. d.* (*calendrier pour 1814*), in-18, 6 fig. en noir par Le Roy, cart. et étui de l'époque en soie verte, dent., dos orné.

24. Amérique (l') septentrionale et méridionale, ou description de cette grande partie du monde... Tiré des historiens et des voyageurs français et étrangers les plus célèbres et mis en ordre par une Société de géographes et d'hommes de lettres. Un seul volume, orné de gravures. *Paris, Ledoux*, 1835, gr. in-8°, fig., veau rouge, fil. dor. et gr. décor à fr. sur les plats, dos orné de fil., dent. int., tr. dor. (*Rel. de l'époque.*)

Quelques piqûres dans le papier; déchirure dans la marge extérieure de la page 93, n'enlevant pas de texte.

25. Anacréon (Odes d'), traduction nouvelle par Anson). *S. l.*, 1795, in-18, fig. ajout. dont une color., mar. rouge,

pet. dent., mil. dor., dos orné de fers dor. au pointillé. doubl. et gardes de soie verte, dent. int., tr. dor. (*Bozérian.*)

26. Anacréon (Odes d'), traduites en vers sur le texte de Brunck, par J.-B. de Saint-Victor. 3e édition. *Paris, Nicolle*, 1818, in-8°, textes grec et français. fig., veau rouge. compart. de fil. noirs. mil. dor.. dos orné. dent. int., tr. dor. *Vincens.*

27. Andino (Don Pedro Sainz de). Proyecto de codigo de comercio, formado de orden del Rey nuestro senor. *Madrid*, 1829, pet. in-4°. mar. rouge. large dent. dor. et mosaïquée de mar. vert à la grecque. coins ornés et mosaïqués. dos orné. dent. int., mors de mar. r.. tr. dor. *Suarez.*

Exemplaire imprimé sur peau de vélin.
Curieuse reliure romantique espagnole mosaïquée.

28. Andrieux. Les Etourdis, ou le Mort supposé, comédie en trois actes, en vers, représentée sur le théâtre de la cour, le lundi 24 juin 1816, à l'occasion du mariage de S. A. R. Mgr le duc de Berry. *Paris, Vente*. 1816. in-8°. mar. citron, dent.. dos orné, dent. int.. tr. dor. *Simier.*

Curieux exemplaire aux armes de la duchesse de Berry. et avec son ex-libris à l'intérieur du volume.

29. Annales romantiques. Recueil de morceaux choisis de littérature contemporaine. *Paris. Janet*, 1829, in-18. fig.. cart. violet avec fers dor. à la cathédrale. sujets color. en médaillons sur les plats, dos orné. tr. dor.. étui.

Joli et frais cartonnage romantique.

30. Aretino (Pietro). Dubbii Amorosi, e sonetti lussuriosi. *Nella Stamperia del Forno. s. d.*, in-16 de 82 p.. mar. vert, dent., dos orné de fers dor. au pointillé. doubl. et gardes de soie rose, dent. int.. tr. dor. *Bozérian.*

Edition faite à Paris, chez Grangé, vers 1757. aux dépens de Corbie, intendant du duc de Choiseul et de Moette.

Bel exemplaire sur papier de Hollande, dans une jolie et fraiche reliure.

31. ARIOSTE. Roland furieux, traduit de l'Arioste, par le comte de Tressan. Edition revue, corrigée et ornée de gravures d'après les dessins de M. Colin. *Paris, Nepveu*, 1822, 3 tomes en 1 vol. gros in-8°, veau rouge, plats couv. de riches compart. à fr. et dor., dos orné, dent. int., tr. dor. (*Rel. romantique.*)

Bel exemplaire contenant la suite du portrait et des 9 figures de Colin en deux états : eau-forte et avant lettre sur papier blanc.

32. BALZAC (H. de). Balzac illustré ; la Peau de chagrin. Etudes sociales. *Paris, Delloye et Lecou*, 1838, gr. in-8°, fig., demi-rel. mar. bleu avec coins, dos orné de fers dor., ébarb. (*Rel. de l'époque.*)

Bel exemplaire du premier tirage, avec les 2 portraits des pages 149 et 287 (Pauline et Fœdora) tirés à part sur papier de Chine avant la lettre. Ce dernier est en double état : sur chine monté et sur blanc, avant lettre

33. BALZAC (H. de). Œuvres complètes. *Paris, Houssiaux*, 1855, 20 vol. in-8°, fig., demi-chag. violet, tr. jasp.

Première édition complète.

34. BALZAC (H. de). La Belle Impéria, conte drolatique illustré par Edmond Malassis. *A Paris, chez Louis Conard*, 1903, pet. in-4°, fig. en noir et en couleurs, mar. br., plats couv. de compart. mosaïqués, dos orné, doublé de mar. bleu, dent. int., gardes de soie bleue, dore sur témoins, couv. conserv. *Durvand*.

Jolie édition tirée à 150 exemplaires sur papier vélin (n° 65). Belle reliure.

35. BAOUR-LORMIAN. Ossian, barde du IIIe siècle. Poésies galliques, en vers français, par Baour-Lormian. 4e édition, avec gravures. *Paris, Louis Janet, s. d.* (vers 1825), in-18, fig., veau marb., pet. dent., dos orné, dent. int., tr. dor. (*Rel. de l'époque.*)

36. BARBEY D'AUREVILLY. Livre d'heures ayant appartenu à... Heures choisies des dames chrétiennes, approuvées par

M. S. l'Evêque de Dijon. *Dijon*, 1860, pet. in-8°, fig., chaque page encad. de bordures color., rel. en soie crème brodée, tr. dor., renfermé dans un sachet en moire de soie.

Curieux exemplaire ayant appartenu à Barbey d'Aurevilly. Armes de la famille Potocki, peintes sur le premier plat et sur le feuillet de garde.

37. Barde (F.-A.). Traité encyclopédique de l'art du tailleur, orné de 150 figures ; suivi d'un appendice de la méthode Barde. *Paris, chez l'auteur*, 1834, gr. in-8°, fig. de costumes, veau fauve, plats couv. d'un grand décor à la cathédrale en mosaïque de mar. rouge, vert, violet et citron, dos orné et mosaïqué, dent. int., tr. dor. (*Badiejous*.)

Curieuse reliure romantique mosaïquée.

38. Barthélemy (J.-J.). Voyage d'Anacharsis en Grèce, vers le milieu du IVe siècle avant l'ère vulgaire. *Paris, Sanson*, 1827, gros vol. in-8°, impr. à 2 col., fig. et cartes grav., veau fauve, dent. à fr., compart. de fil. et mil. dor. sur les plats, dos orné, dent. int., tr. dor. (*Rel. de l'époque*.)

39. Barthélemy et Méry. Napoléon en Egypte, poème en huit chants. 7e édition. *Paris, Ambroise Dupont*, 1828, in-8°, veau rouge, compart. de fil. dor. et grand décor à fr. sur les plats, dos orné, dent. int., tr. dor. (*Rel. de l'époque*.)

40. Barthélemy et Méry. Napoléon en Egypte, poème en huit chants. *Paris, Dupont et Cie*, 1828, in-8°, veau violet, dent. et mil. à fr., dos orné, dent. int., tr. dor. (*Vogel*.)

Edition originale. Cet exemplaire ne contient pas à la fin la notice sur Napoléon en Egypte par P.-F. Tissot (4 ff.) signalée par M. Vicaire.

41. Bausset (de). Histoire de Fénelon, composée sur les manuscrits originaux. 2e édition, revue, corrigée et augmentée. *Paris, Giguet et Michaud*, 1809, 3 vol. in-8°, portr., mar. vert à grain long, dent., dos ornés de fers au pointillé, doubl. et gardes de tabis rose, dent. int., tr. dor. (*Simier*.)

Très bel et frais exemplaire aux armes de la duchesse de Berry, et avec son ex-libris à l'intérieur des volumes.

42. Belle Assemblée (la). Annuaire fashionable. *Paris, L. Janet, s. d.* (vers 1830), in-8°, portr. s. acier, veau fauve, large dent. à fr., dos orné, dent. int., tr. dor. (*Rel. de l'époque.*)

43. Beraldi (Henri). La Reliure du xixe siècle. *Paris, Conquet*, 1895-1897, 4 vol. gr. in-8°, fig., br., couv. impr.

Important ouvrage orné de 285 reproductions de reliures. Tiré à 295 exemplaires (n° 54) et épuisé.

44. Béranger (P.-J. de). Chansons. *Paris, Baudouin frères*, 1826, 4 tomes en 1 vol. in-32, veau rouge, fil. et mil. mosaïqués, dos orné. — Procès faits aux Chansons de P.-J. de Béranger. *Ibid., id.*, 1828, 1 vol. in-32, veau violet, fil., coins ornés et mil. mosaïqués, dos orné. Ens. 2 vol. (*Rel. de l'époque.*)

45. Béranger (P.-J. de). Chansons anciennes, nouvelles et inédites, avec des vignettes de Devéria et des dessins coloriés d'Henri Monnier. *Paris, Baudouin frères*, 1828, 2 vol. in-8°, veau fauve, dent. et fil. dor., grand décor de fers à fr. sur les plats, dos orné, dent. int., tr. dor. (*Purgold.*)

Édition ornée de 40 figures coloriées de Henri Monnier.
Bel exemplaire revêtu d'une jolie reliure romantique, légère tache sur le plat supérieur du tome I.

46. Béranger (P.-J. de). Chansons. *Paris, Baudouin frères*, 1829. — Procès faits aux Chansons de P.-J. de Béranger. *Ibid., id.*, 1828. Ens. 2 tomes en 1 vol. in-32, veau bleu, fil. et dent. à fr., portr. de Béranger frappé à froid en médaillon sur les plats, dos orné, dent. int., tr. dor. (*Rel. de l'époque.*)

47. Béranger (P.-J. de). Œuvres complètes. Édition unique revue par l'auteur, ornée de 104 vignettes en taille-douce, dessinées par les peintres les plus célèbres. *Paris, Perrotin*, 1834, 4 vol. in-8°, portr. et fig., veau

violet, compart. de fil. dor. et à fr. et grand décor à fr. à la cathédrale sur les plats, dos orné, dent. int., tr. dor. (*Rel. de l'époque.*)

Bel exemplaire dans des reliures romantiques, avec fers dits à la cathédrale. Rare dans cet état.

48. Berchoux (J.). La Gastronomie, poème, suivie des poésies fugitives de l'auteur. 5e édition. *Paris, Michaud*, 1819, in-18, front. et 3 fig. par Myris et Monsiau, mar. violet, dent. dor. et compart. à fr. sur les plats, dos orné, dent. int., tr. dor. (*Thouvenin jeune.*)

49. Bernard (Œuvres de), ornées d'une gravure d'après Prudhon. *Paris, Janet et Cotelle*, 1823, gr. in-8o, figure, veau rose, plats couv. de dent. dor. et à fr., angles et mil. en mosaïque de mar. bleu et rouge, dos orné, doublé de veau violet avec au centre grand décor mosaïqué rouge, vert et violet, gardes en soie violette avec bordure dor., large dent. int., tr. dor. (*Deforge.*)

Exemplaire sur papier vélin, avec la figure de Prudhon en deux états : eau-forte et avant la lettre.
Curieuse et riche reliure romantique doublée.

50. Bernis (Cardinal de). Œuvres. *Paris, Stéréotype d'Herhan*, 1803, 2 vol. in-12, portr., veau fauve, pet. dent., dos orné, dent. int., tr. dor. (*Noël.*)

51. Biblia Sacra vulgatae editionis Sixti V. Pont. Max. jussu recognita, et Clementis VIII auctoritate edita. *Lugduni*, 1827, in-8o, impr. à 2 col., mar. violet, compart. de fil. dor., coins ornés au pointillé et grand décor à fr. à la cathédrale sur les plats, dos orné, dent. int., tr. dor. (*Duplanil.*)

Édition imprimée en caractères minuscules.
Curieuse et fraîche reliure d'un décor peu commun.

52. Biblioteca Portatile del viaggiatore, volume quinto. *Firenze, Tipografia Borghi e Cie*, 1834, gros vol. in-8o, imprim. à 2 col., portr., mar. brun, dent. à fr. et grand décor à la cathédrale doré et mosaïqué sur les plats,

dos orné, doublé de mar. citron avec rosace en mosaïque de mar. rouge, mors de mar. r., tr. dor. (*Rel. de l'époque.*)

Tome V de la Bibliothèque du voyageur.
Curieuse et riche reliure italienne mosaïquée et doublée.

53. Boileau. Œuvres complètes. *Paris, Ménard et Desenne*, 1820, 4 vol. in-32, 1 portr. et 7 fig. par Choquet, mar. grenat, fil. et mil. dor., dos orné, dent. int., tr. dor. *Thouvenin.*)

Joli exemplaire sur papier vélin, avec le portrait et les figures en épreuves avant la lettre.

54. Boileau. Œuvres, avec un nouveau commentaire par M. Amar. *Paris, Lefèvre*, 1821, 4 vol. in-8°, mar. c. de R., dent. dor. et à fr., mil. à fr., dos orné, dent. int., tr. dor. *Ginain.*

Bel exemplaire contenant la suite complète du portrait de Boileau, gravé par Lignon d'après Rigaud, et des six figures de Desenne, en épreuves avant la lettre sur papier blanc.

55. Boitard. Le Jardin des Plantes, description et mœurs des mammifères de la Ménagerie et du Muséum d'histoire naturelle, précédé d'une introduction par Jules Janin. *Paris, Dubochet et Cie*, 1842, gr. in-8°, fig. noires et color., mar. rouge, grande plaque dor. de l'édit. avec fers spéciaux, dos orné, tr. dor.

Premier tirage.

56. Boite romantique, gr. in-4°, mar. br., plats couv. de riches compart. à fr., fil. dor., dos orné, serrure et clé.

Belle pièce.

57. Bordigné (Comte de). Légitimité portugaise. *Paris, Imprimerie de Pihan-Delaforest*, 1830, in-4°, mar. violet, riches compart. dor. en forme de portique, fil. et coins ornés de fl. de lis, dos orné de fers à la cathédrale, doubl. et gardes de moire violette, dent. int., tr. dor. (*Simier.*)

Bel exemplaire sur grand papier, dans une riche reliure de Simier, aux armes de Dom Miguel de Bragance, roi de Portugal.

58. Bossuet (J.-B.). Discours sur l'histoire universelle. *Paris, Imprim. de Didot*, 1814. 2 vol. in-8°, mar. rouge, plats couv. de riches compart. à fr. quadrillés, dos orné, dent. int., tr. dor. (*Thouvenin.*)

Bel exemplaire, parfaitement relié.

59. Bossuet (J.-B.). Discours sur l'histoire universelle, précédé d'une notice littéraire par M. Tissot. *Paris, Curmer, s. d.* (1839), 2 vol. gr. in-8°, fig., encad. à chaque page, chag. bleu, avec plaque dor., tr. dor. (*Boutigny.*)

Ouvrage orné de figures gravées sur acier d'après Murillo, Philippe de Champaigne, Tony Johannot, Meissonier, etc.

60. Boudard (André). Mémoires, lettres et pièces authentiques touchant la vie et la mort de S. A. S. Monseigneur le duc d'Enghien. *Paris, Audin*, 1823, in-8°, portr., mar. gren., jeux de fil. sur les plats, dos orné, dent. int., tr. dor. (*Rel. de l'époque.*)

Aux armes de la duchesse d'Angoulême. (Remboîtage.)

61. Bouilly (J.-N.). Conseils à ma fille. 6e édition. *Paris, Louis Janet, s. d.* (vers 1820), 2 vol. in-12, fig. par Chasselat, veau br., dent. et mil. à fr., dos orné, dent. int., tr. dor. (*Bibolet.*)

Quelques taches de rousseur.

62. Bouilly (J.-N.). Les Adieux du vieux conteur. *Paris, L. Janet, s. d.* (vers 1825), in-12, fig. s. acier, veau rouge, grand décor à fr. sur les plats, dos orné, dent. int., tr. dor. (*Rel. de l'époque.*)

63. Bray (comte de). Essai critique sur l'histoire de la Livonie, suivi d'un tableau de l'état actuel de cette province. *A Dorpat, de l'Imprim. de Schunmann*, 1817, 3 vol. pet. in-8°, mar. rouge à grain long, compart. de fil. dor.

et dent. à fr., dos orné, doubl. et gardes de soie verte, large dent. int., mors de mar., tr. dor. (*Ginain.*)

Exemplaire très bien relié.

64. BRÈS. Histoire des quatre fils d'Aymon (*sic*). *Paris, L. Janet, s. d.* (1827), in-32, vign. sur le titre et 4 fig. color., mar. violet, compart. de dent. à fr. et fil. dor., dos orné, dent. int., tr. dor. (*Rel. de l'époque.*)

Joli et rare petit livre.

65. BRÈS. La Dame blanche, chronique des chevaliers à l'écusson vert. *Paris, Le Fuel, s. d.* (1828), in-12, titre et 6 fig. color., mar. rouge, fil. dor. et grand décor à fr. à la cathédrale sur les plats, dos orné, tr. dor. (*Rel. de l'époque.*)

66. BURETTE (Th.). Histoire de France, depuis l'établissement des Francs dans la Gaule jusqu'en 1830. Enrichie de 500 dessins par Jules David, gravés par Chevin. *Paris, Ducrocq*, 1840, 2 vol. gr. in-8°, fig., veau bleu, compart. de fil. dor. et grand décor à fr. sur les plats, dos orné de fers dor., dent. int., tr. dor. (*Rel. de l'époque.*)

Premier tirage. Bel exemplaire revêtu d'une jolie et fraîche reliure.

67. BUVARD ROMANTIQUE, in-4°, mar. bleu, dent. dor. et riches compart. en mosaïque de mar. rouge, bleu, citron, vert et brun sur les plats.

Superbe reliure mosaïquée, portant sur chaque plat l'inscription suivante frappée en caractères d'or : *Au Roi*. Haut. : 35 cent. ; larg. : 26 cent.

68. BUVARD ROMANTIQUE, in-4°, mar. vert, plats couv. de riches compart. à la cathédrale, en mosaïque de mar. rouge, vert, citron, orange et violet, pochette et semainier à l'intérieur.

Très belle reliure mosaïquée. Haut. : 30 cent. ; larg. : 22 cent.

69. Buvard romantique, in-4°, mar. noir, dent. à fr., compart. mosaïqués formant portique et grande rosace mosaïquée sur les plats.

Haut. : 31 cent. ; larg. : 23 cent.

70. Calendario manual y guia de forasteros en Madrid, para el anno de 1831. — Estado militar de España, anno de 1831. Ens. 2 ouvr. en 1 vol. in-32, mar. violet, plats couv. de riches compart. mosaïqués sur fond or, avec personnage espagnol peint en médaillon sur chaque plat, dos orné, dent. int., tr. dor., étui en veau f. avec bordure rouge et mil. à fr. *Rel. de l'époque.*

Très curieuse reliure romantique espagnole mosaïquée.

71. Callet (François). Tables portatives de logarithmes, contenant les logarithmes des nombres depuis 1 jusqu'à 108,000 ; les logarithmes des sinus et tangentes, etc. *Paris, F. Didot,* 1825, gros vol. in-8°, mar. rouge, dent. à fr. et grand et beau décor de fers dor. au centre des plats, dos orné, dent. int., tr. dor. *Thouvenin.*

Exemplaire provenant de la bibliothèque particulière de Firmin Didot, vendue en décembre 1836.
Belle reliure de Thouvenin.

72. Campenon. L'Enfant prodigue, poème en quatre chants. 2e édition. *Paris, Delaunay,* 1812, in-8°, 4 fig., mar. bleu à long grain, pet. dent., dos orné, dent. int., tr. dor. (*Simier.*)

Bel exemplaire sur papier vélin, avec les figures avant la lettre.

73. Canova (Antoine). Collection complète des ouvrages du célèbre Antoine Canova, gravés au trait par Lasinio fils. *Pise, chez Nicolas Capurro,* 1825, gr. in-8°, nombr. pl. grav. au trait, mar. gris, fil. et riches compart. en mosaïque de mar. rouge et vert sur les plats, dos orné et mosaïqué, doubl. et gardes de soie rouge, dent. int., tr. dor. (*Vivet.*)

Belle reliure romantique mosaïquée.

2

74. Cappot de Feuillide. Quiberon, cinq Vendéennes. *Paris, Trouvé*, 1826, in-8°, mar. bleu, dent. et coins à fr., dos orné, dent. int., tr. dor. (*Simier.*)

75. Carnet romantique, in-32, plats recouv. d'une bordure en cuivre doré ouvragé, encadrant une plaque de zinc recouv. d'une composition à base de vernis sur fond vert, doubl. de soie blanche, crayon, pochette à l'intérieur.

Joli bibelot.

76. Celliez (Mlle A.). Les Reines de France. *Paris, Lehuby, s. d.*, gr. in-8°, portr., cart. de l'édit. avec plaque dor.

77. Celliez (Mlle A.). Les Reines d'Angleterre. *Paris, Lehuby*, 1852, gr. in-8°, portr., cart. de l'édit. avec plaque dor.

78. Cervantès. L'Ingénieux hidalgo Don Quichotte de la Manche, par Miguel de Cervantès Saavedra, traduit et annoté par Louis Viardot, vignettes de Tony Johannot. *Paris, Dubochet et Cie*, 1836-1837, 2 vol. gr. in-8°, fig., mar. violet, large dent. et mil. dor. sur les plats, dos orné, dent. int., non rog. (*Rel. de l'époque.*)

Bel exemplaire du premier tirage ; quelques taches de rousseur comme à la plupart des exemplaires reliés à cette époque.

79. Cervantès. L'Ingénieux chevalier Don Quichotte de la Manche, traduction nouvelle, illustré par J.-J. Grandville. *Tours, Mame et Cie*, 1848, 2 vol. petit in-8°, fig., cartonn. mosaïqué avec fers spéciaux de l'édit.

Premier tirage des figures de Grandville.
Très curieux cartonnages romantiques, d'une grande fraîcheur.

80. Challamel (A.) et Ténint (W.). Les Français sous la Révolution, avec quarante scènes et types dessinés par M. H. Baron, gravés sur acier par M. L. Massard. *Paris, Challamel, s. d.* (1843), in-8°, fig., cart. de l'édit. avec plaque.

Premier tirage. Exemplaire avec les planches coloriées.

81. Champollion jeune. Notice descriptive des monumens du Musée des antiquités égyptiennes (seconde division). *Paris, Imprim. de Vinchon*, 1827, in-12, mar. violet, compart. de fil., dos orné, dent. int., tr. dor. *Ginain*.

82. Chateaubriand (de). Atala; René; les Aventures du dernier Abencérage. *Paris, Ladvocat*, 1827, 2 vol. in-18, 3 fig. par Devéria, veau violet, plats couv. de compart. à fr., dos orné, dent. int., tr. dor. *Thouvenin*.

Bel exemplaire.

83. Chateaubriand (de). Les Natchez. *Paris, Lefèvre et Ladvocat*, 1829, 2 vol. in-8°, veau bleu, plats couv. d'un grand décor de fers à fr., dos orné, dent. int., tr. dor. (*Rel. de l'époque*.)

84. Chateaubriand (de). Atala; René; les Aventures du dernier Abencérage. *Paris, Lefèvre et Ladvocat*, 1830, gr. in-8°, fig., demi-rel. mar. citron avec coins, dos orné et mosaïqué. (*Rel. de l'époque*.)

Bel exemplaire sur grand papier vélin avec les quatre figures d'Alaux, gravées par Burdet en épreuves sur chine, avant la lettre.

Très jolie demi-reliure de l'époque, avec dos richement mosaïqué.

85. Chateaubriand (de). Etudes ou discours historiques sur la chute de l'Empire romain..., suivis d'une analyse raisonnée de l'histoire de France. *Paris, Lefèvre et Ledentu*, 1838, in-8°, portr., mar. br., plats couv. d'un grand décor à fr. à la cathédrale, dos orné de fers dor., dent. int., tr. dor. (*Rel. de l'époque*.)

86. Chaulin (N.-P.). Précis des pièces dramatiques de W. Shakspeare, avec observations et notices par N.-P. Chaulin. *Paris, Pinard*, 1829, in-8°, veau bleu, plats ornés d'un beau décor de fers à fr. dits à la cathédrale, rosace dor. au centre, dos orné, dent. int., tr. dor. (*Simier*.)

87. Choiseul (duc de). Mémoires des contemporains : Histoire et procès des naufragés de Calais. *Paris, Bossange*, 1824, in-8°, mar. rouge, dent. dor. et fil., mil. à fr., dos orné, dent. int., tr. dor. (*Trotebas.*)

88. Chronique Géorgienne, traduite par M. Brosset jeune, membre de la Société asiatique de France. *Paris, Imprimerie Royale*, 1831, in-8°, mar. vert, plats couv. de compart. à fr., mil. dor., dos orné tr. dor. (*Duplanil.*)

Exemplaire portant sur le titre le cachet de la Bibliothèque du Roi (Louis-Philippe) au Palais-Royal.

89. Colonna (Vittoria). Le Rime di Vittoria Colonna, corrette su i testi a penna e publicate con la vita della medesima, dal cavaliere Pietro Ercole Visconti. *Roma, dalla tipographia Salviucci*, 1840, gr. in-8°, pap. vél., mar. bleu, dent. dor. et à fr. et grand décor à fr. sur les plats, dos orné de fers dor., tr. dor. (*Rel. de l'époque.*)

Belle reliure aux armes de la princesse Torlonia, née Colonna, à laquelle le livre est dédié.
Cette édition fut imprimée pour être offerte en cadeaux à l'occasion des noces d'Alex. Torlonia et de Thérèse Colonna.

90. Congrès scientifique de France. Dixième session, tenue à Strasbourg en septembre et octobre 1842. *Strasbourg et Paris*, 1843, 2 vol. in-8°, fig., mar. rouge, large dent., dos orné, dent. int., tr. dor. (*Rel. de l'époque.*)

91. Connaissance des Tems (*sic*), ou des mouvemens célestes, à l'usage des astronomes et des navigateurs, pour l'an 1820, publiée par le Bureau des Longitudes. *Paris, Vve Courcier*, 1818, gr. in-8°, mar. rouge à long grain, dent. fleurdelisée, dos orné d'un semis de fl. de lis, doubl. et gardes de tabis bleu, dent. int., tr. dor. (*Rel. de l'époque.*)

Belle et fraîche reliure aux armes de la duchesse de Berry, et avec son ex-libris à l'intérieur du volume.

92. Cuendias (Manuel de). L'Espagne pittoresque, artistique et monumentale. Mœurs, usages et costumes, par MM. Ma-

nuel de Cuendias et V. de Féréal ; illustrations de Célestin Nanteuil. *Paris, Librairie ethnographique, s. d.* (1848), in-8°, fig., mar. La Vall., papillons mosaïqués sur les plats, doubl. et gardes de moire grise, dent. int. mosaïquée, mors de mar., doré sur témoins, étui avec dos de mar. (*Durvand*).

Premier tirage des illustrations de Célestin Nanteuil. Curieuse reliure.

93. Daguerre. Historique et description des procédés du daguerréotype et du diorama. *Paris, Giroux et Cie*, 1839, in-8°, portr. et fig., demi-rel. chag. La Vall.

94. Darboy (Abbé G.). Les Femmes de la Bible, principaux fragments d'une histoire du Peuple de Dieu. Avec collection de portraits des femmes célèbres de l'Ancien et du Nouveau Testament, gravés par les meilleurs artistes, d'après les dessins de G. Staal. *Paris, Garnier frères*, 1850, gr. in-8°, portr., cart. de l'édit. avec plaque dor.

95. Darboy (Abbé G.). Les Femmes de la Bible. 4e édition. *Paris, Garnier frères*, 1855, gr. in-8°, portr., cart. de l'édit. avec plaque dor.

96. Darboy (Abbé G.). Jérusalem et la Terre Sainte, notes de voyage, recueillies et mises en ordre par M. l'abbé G. D. Illustrations de M. Rouargue. *Paris, Belin-Leprieur et Morizot, s. d.*, gr. in-8°, fig., cart. de l'édit. avec grande plaque dor.

97. Daumas (Lieut.-colonel). Le Sahara algérien, études géographiques, statistiques et historiques sur la région au sud des établissements français. *Paris, Fortin, Masson et Cie*, 1845, in-8°, mar. rouge, entrelacs de fil. et compart. dor. sur les plats, dos orné, doubl. et gardes de soie bleue, dent. int., tr. dor. (*Rel. de l'époque*).

Texte seul. Reliure très fraîche au chiffre de la reine Marie-Amélie, femme de Louis-Philippe, et portant à l'intérieur l'ex-libris de l'infant duc de Montpensier.

98. DÉBAT DE DEUX DEMOYSELLES (Le), l'une nommée la Noyre, et l'autre la Tannée, suivi de la Vie de saint Harenc, et d'autres poésies du XVe siècle, avec des notes et un glossaire. *Paris, Imprim. de F. Didot*, 1825, gr. in-8°, demi-rel. mar. vert, avec coins et dos richement mosaïqué, tête dor., non rog. (*Simier.*)

Jolie demi-reliure avec dos mosaïqué d'un bel effet décoratif.

99. DELAVIGNE (Casimir). Œuvres complètes. Seule édition avouée par l'auteur. *Paris, Delloye et Lecou*, 1836, gr. in-8°, fig. de Johannot, Delaroche, Régnier, etc., impr. à 2 col., mar. bleu, plats couv. de riches compart. dor. et à fr., dos orné, dent. int., tr. dor. et ciselée. *Rel. de l'époque.*

Curieuse reliure d'un décor peu commun.

100. DELAVIGNE (Casimir). Œuvres complètes. Seule édition avouée par l'auteur. *Paris, Delloye et Lecou*, 1836, gr. in-8°, portr. et fig. d'A. Johannot, impr. à 2 col., veau bleu, compart. de fil. dor. et grand décor à fr. sur les plats, dos orné, dent. int., tr. dor. (*Rel. de l'époque.*)

Jolie reliure ; quelques piqûres dans le papier.

101. DELAVIGNE (Casimir). Messéniennes et chants populaires. *Paris, Furne et Cie*, 1840, in-8°, portr., vign. et fig., cart. de l'édit. avec plaque.

102. DELAVIGNE (Casimir). Messéniennes, chants populaires et poésies diverses. Nouvelle édition. *Paris, Charpentier*, 1840, in-12, veau rouge, fil. dor. et grand décor à fr. sur les plats, dos orné, dent. int., tr. dor. (*Rel. de l'époque.*)

103. DELEUZE. Histoire et description du Muséum Royal d'histoire naturelle. *Paris, Royer*, 1823, 2 vol. in-8°, plans et fig., mar. vert à long grain, compart. de fil. et dent. à fr., coins ornés de fl. de lis, dos orné et mosaïqué, dent. int., tr. dor. (*Simier.*)

Jolies et fraîches reliures aux armes de la duchesse de Berry.

104. Delille (Jacques). L'Imagination, poème. *Paris, Giguet et Michaud*, 1806, 2 vol. gr. in-8°, 6 fig. par Le Barbier, Myris, Monsiau, mar. rouge à long grain, dent., dos orné de fers au pointillé, doubl. et gardes de soie bleue, dent. int., mors de mar., tr. dor. *Bozérian et Lefebvre.*

Bel exemplaire sur papier vélin, avec les figures avant la lettre.

105. Delille (Jacques). Les Jardins ou l'art d'embellir les paysages. *Paris, Chapsal*, 1844, gr. in-8°, fig., mar. bleu, grande plaque dor. sur les plats, dos orné, doubl. et gardes de soie blanche, tr. dor. (*Rel. de l'époque.*

Premier tirage des illustrations de Thénot.

106. Demidoff (A. de). Voyage dans la Russie méridionale et la Crimée par la Hongrie, la Valachie et la Moldavie. Edition illustrée de 64 dessins par Raffet. *Paris, E. Bourdin et Cie*, 1840, gr. in-8°, fig., mar. bleu, fil. dor. et fers à fr. formant encad. et armes impériales russes sur les plats, dos orné, tr. dor. *Rel. de l'époque.*

Premier tirage. La dédicace en VIII pages ne se trouve pas dans cet exemplaire; quelques piqûres dans le papier.

107. Demoustier. Lettres à Emilie sur la mythologie. *Paris, Renouard*, 1809, 6 part. en 2 vol. in-8°, veau rouge, plats couv. de riches compart. à fr., dos orné de fers à fr., tr. dor. *Bigot.*

Un portrait gravé par Gaucher, d'après Ducreux et 36 figures de Moreau.
Jolies reliures romantiques.

108. Desbordes-Valmore (Mme). Les Pleurs, poésies nouvelles. *Paris, Charpentier*, 1833, in-8°, vignette par A. Johannot, mar. violet, dent. à fr. et grand décor composé de fers dorés sur les plats, dos orné, dent. int., tr. dor. (*Rel. de l'époque.*

Bel exemplaire de l'édition originale provenant de la bibliothèque de Mlle George, à la vente de laquelle il fut acheté (1903).

109. DIABLE A PARIS (Le). Paris et les Parisiens. Texte par MM. George Sand, L. Gozlan, F. Soulié, Ch. Nodier, de Balzac, A. Karr, Th. Gautier, etc. Illustrations par Gavarni, Bertall, etc. *Paris, Hetzel*, 1845-1846, 2 vol. gr. in-8°, fig., cart. de l'edit. avec grande plaque dor., tr. dor.

Premier tirage.

110. DIAMANT. Souvenirs de littérature contemporaine. *Paris, Louis Janet, s. d.* (1833), in-8°, contenant seulement les 16 fig. (sans le texte), veau fauve, plats couv. de compart. en mosaïque peinte de diverses couleurs, dos orné. (*Rel. romantique.*)

Curieuse reliure en mosaïque peinte.

111. DOCHE (J.). Album lyrique composé de romances, chansonnettes, quadrille et galop ; mis en musique avec accompagnement de piano, et dédié à Mme Cinti Damoreau, par J. Doche. Orné de 7 lithographies de M. J. Arago. *Paris, Leduc, s. d.* (vers 1835), pet. in-4°, lithog. sur chine et musique grav., mar. violet, plats ornés de compart. mosaïqués, dent. int., tr. dor. (*Rel. de l'époque.*)

Reliure romantique mosaïquée.

112. DORAT. Œuvres choisies, précédées d'une notice biographique et littéraire par M. Després. *Paris, Janet et Cotelle*, 1827, in-8°, figure, veau violet, fil. doré et dent. à fr., dos orné et mosaïqué, dent. int., tr. dor. (*Simier.*)

113. DROHOJOWSKA (Comtesse). Trois grandes époques de l'histoire, suivies d'une légende du xe siècle. *Paris, Lehuby, s. d.* (vers 1850), pet. in-8°, fig. color., cartonn. illustr. de l'édit.

114. DUBARLE (Eug.). Histoire de l'Université, depuis son origine jusqu'à nos jours. *Paris, Brière*, 1829, 2 vol. in-8°,

mar. rouge, compart. de fil. dor. et grande rosace à fr. sur les plats, dos orné, dent. int., tr. dor. *Rel. de l'époque.*

Bel exemplaire, très bien relié.

115. Dufrénoy (Mme). Élégies, suivies de poésies diverses. 4e édition. *Paris, Eymery*, 1821, in-12, front. et fig., mar. bleu, compart. de fil. et mil. dor., dos orné, doubl. et gardes de soie blanche avec dent. et mil. dor., tr. dor. (*Meslant.*)

116. Dufrénoy (Mme). Œuvres poétiques, suivies d'observations sur sa vie et ses ouvrages, par M. A. Jay. *Paris, Moutardier*, 1826, 2 vol. in-18, fac-similé, portr. et fig. par Desenne, mar. vert, plats ornés d'un grand décor à fr. à la cathédrale, dos orné, dent. int., tr. dor. (*Theron.*)

Jolies et fraîches reliures. Quelques taches de rousseur dans le papier.

117. Dufrénoy (Mme). Œuvres. *Paris, Moutardier*, 1827, in-8°, portr., fac-similé et fig. par Desenne, veau rouge, plats couv. de compart. à fr., dos orné, dent. int., tr. dor. (*Theron.*)

Jolie reliure romantique.

118. Dumas (Alexandre). Les Trois Mousquetaires. Compositions de Maurice Leloir, gravures sur bois de J. Huyot. *Paris, Calmann-Lévy*, 1894, 2 vol. gr. in-8°, fig., demi-mar. rouge avec coins, dos orné, tête dor., ébarb., couv. conserv.

119. Dumas (Alexandre). Le Chevalier de Maison-Rouge. Illustrations de Julien Le Blant, gravées sur bois par Léveillé. *Paris, Testard*, 1894, 2 vol. gr. in-8°, fig., demi-rel. mar. rouge avec coins, dos orné, tête dor., ébarb., couv. conserv.

120. Dumas (Alexandre). La Dame de Monsoreau. Compositions de Maurice Leloir, gravures sur bois de J. Huyot.

Paris, Calmann-Lévy, 1903, 2 vol. gr. in-8°, fig., br., couv. illustr. (Etuis et chemises demi-mar. bl.)

121. Enault (Louis). Londres. Illustré de 174 gravures sur bois par Gustave Doré. *Paris, Hachette et Cie*, 1876, pet. in-fol., fig., demi-rel. mar. rouge, tr. dor. (*Petit, succ. de Simier.*)

Un des rares exemplaires imprimés sur papier de Chine.

122. Esistenza meditata (L') ossia considerazioni sul pregio della vita. *Napoli*, 1836, in-4°, veau violet, compart. de fil., coins et grand décor de fers dorés sur les plats, dos orné, tr. dor. (*Rel. de l'époque.*)

123. État détaillé des liquidations opérées à l'époque du 1er janvier 1830, par la commission chargée de répartir l'indemnité attribuée aux anciens colons de Saint-Domingue. *Paris, Imprimerie Royale*, 1830, in-4°, mar. rouge, large dent. et angles dor. sur les plats, dos orné, doubl. et gardes de moire bleue, dent. int., tr. dor. (*Rel. de l'époque.*)

Aux armes du duc d'Angoulême.

124. Eucologe ou livre d'église, contenant l'Office des dimanches et fêtes, à l'usage de Paris. *Paris, Louis Janet, s. d.* (1825), in-18, fig., mar. citron, plats ornés de motifs en mosaïque de mar. rouge, vert et violet, dos orné et mosaïqué, tr. dor., fermoirs en cuivre doré et ciselé. (*Vogel.*)

Jolie reliure romantique mosaïquée. Piqûres dans le papier.

125. Evangiles (les Saints), traduits de la Vulgate par M. l'abbé Dassance, illustrés par MM. Tony Johannot, Cavelier, Gérard-Séguin et Brevière. *Paris, Curmer*, 1836, 2 vol. gr. in-8°, fig., encadr. à chaque page, veau violet, plats et dos couv. de compart. à fr. dits à la cathédrale, dent. int., tr. dor. (*Rel. de l'époque.*)

Premier tirage d'un des premiers livres édités par Curmer.

126. EVANGILES (les Saints), traduits de la Vulgate par M. l'abbé Dassance, illustrés par MM. Tony Johannot, Cavelier, Gérard-Séguin et Brevière. *Paris, Curmer*, 1836. 2 vol. gr. in-8°, fig., encad. à chaque page, mar. bleu, dent. à fr., fil. et grand décor dor. sur les plats, dos orné, dent. int., tr. dor. (*Rel. de l'époque.*)

Premier tirage; jolies reliures.

127. EVANGILES (les Saints), traduits de la Vulgate par M. l'abbé Dassance, illustrés par MM. Tony Johannot, Cavelier, Gérard-Séguin et Brevière. *Paris, Curmer*, 1836. 2 tomes en 1 vol. gr. in-8°, fig., encad. à chaque page, mar. violet, fil. dor. et grand décor en mosaïque de mar. rouge et vert, avec croix au centre des plats, dos orné et mosaïqué, dent. int., tr. dor. (*Rel. de l'époque.*)

Premier tirage; le tome II n'a ni faux titre, ni titre. Jolie reliure mosaïquée.

128. FABRÉ-PALAPRAT. Lévitikon, ou exposé des principes fondamentaux de la doctrine des chrétiens — catholiques — primitifs. *Paris*, 1831, in-8°, veau br., dent. dor. et grand décor à fr. à la cathédrale sur les plats, dos orné, dent. int., tr. dor. (*Wagner.*)

129. FACIOT (Ch.). La Branche de lis, ou la Saint-Charles, vaudeville en un acte, à l'occasion de la fête du Roi, de S. A. R. Madame et de Mgr le duc de Bordeaux. *Paris, Imprim. de Mme Huzard*, 1826, in-8°, front. grav., mar. bleu, dent., coins, mil. et dos ornés de fl. de lis. (*Rel. de l'époque.*)

130. FAIL (Noël du). Baliverneries ou contes nouveaux d'Eutrapel, autrement dit Léon Ladulfi. *Paris, Et. Groulleau*, 1548, in-16, mar. citron, dent. dor. et à fr., mil. en losange à fr., dos orné, dent. int., tr. dor. (*Ducastin.*)

Réimpression faite à Chiswick, imprimerie de C. Whittingham, en 1815. Tirage à 100 exemplaires. Jolie reliure.

131. Fantaisie, ou portefeuille par tous et pour tous. *Fisher, son et C°, London et Paris, s. d.* (vers 1840), petit in-4°, jolies fig. sur acier, cart. soie violette de l'édit., tr. dor.

132. Favard-de-Langlade. Manuel pour l'ouverture et le partage des successions. *Paris, Nève, octobre 1811*, in-8°, mar. rouge, dent., dos orné, dent. int., doubl. et gardes de tabis bleu, tr. dor. (*Rel. de l'époque.*)

Bel exemplaire aux armes de Cambacérès, archichancelier de l'Empire.

133. Fenelon. Les Aventures de Télémaque, fils d'Ulysse. Imprimé par ordre du Roi, pour l'éducation de Monseigneur le Dauphin. *Paris, Imprim. de Didot l'aîné*, 1784, 2 vol. in-8°, mar. violet, dent., coins et dos ornés de fers dor. au pointillé, doubl. et gardes de soie rose, large dent. int., tr. dor. *Bozérian jeune.*

Très bel exemplaire de la plus grande fraîcheur, auquel on a ajouté la suite du portrait gravé par Delvaux et des 24 figures de Moreau, publiée par Renouard, en épreuves avant la lettre.

134. Fénelon. Les Aventures de Télémaque.... précédées d'un essai sur la vie et les ouvrages de Fénelon, par Jules Janin. Édition illustrée par MM. Tony Johannot, E. Signol, G. Séguin, C. Wattier, etc. *Paris, Bourdin, s. d.* (1840), gr. in-8°, fig., chagr. violet, avec plaque dor. de l'édit., init. L. M. sur le premier plat, tr. dor.

Premier tirage.

135. Fivas (V. de). Les Beautés des écrivains français modernes, ou recueil de morceaux choisis des meilleurs prosateurs et poëtes français de la fin du xviiie siècle et du commencement du xixe. *Paris et Londres*, 1824, in-12, portrait, veau rose, dent. dor. et à fr. et grand décor à fr. au centre des plats, dos orné, dent. int. *Rel. anglaise de l'époque.*

136. Flamand-Grétry. L'Ermitage de J.-J. Rousseau et de Grétry, poëme avec figures et notes historiques.

A l'Ermitage, chez l'auteur, Vallée de Montmorency, 1820, in-8°, portr., fig. et musique grav., mar. vert, dent., dos orné de fleurs de lis, dent. int., tr. dor. (*Simier*.)

Bel exemplaire aux armes de la duchesse de Berry et avec son ex-libris à l'intérieur du volume.

137. FLORIAN (Fables de), illustrées par Victor Adam, précédées d'une notice par Ch. Nodier. *Paris, Delloye, Desmé et Cie*, 1838, in-8°, fig., mar. vert, très large dent. composée de fers spéciaux (vases de fleurs, oiseaux), dos orné, tr. dor. (*Rel. de l'époque*.)

Exemplaire contenant à la fin les poèmes de Ruth et de Tobie. Curieuse et fraîche reliure.

138. FONTENELLE (de). Entretiens sur la pluralité des mondes. *Paris, Ménard et Desenne*, 1818, in-18, portr. et planche, mar. grenat, dent. à fr. et grand décor de fers dor. au centre des plats, dos orné, dent. int., tr. dor. (*Thouvenin*.)

Charmante reliure.

139. FORAIN. Nous, Vous, Eux (50 dessins), par J.-L. Forain. *Paris, 8, rue Favart, s. d.* (1893), gr. in-4°, fig., dos et c. de chag. rouge, tête dor., non rog., couv. conserv.

Exemplaire sur papier du Japon.

140. FORMULAIRE DE PRIÈRES chrétiennes pour passer saintement la journée. *Paris, Belin-le-Prieur*, 1821, in-12, mar. violet, plats couv. de riches compart. en mosaïque de mar. rouge, vert et citron, dos orné, doubl. et gardes de pap. dor., dent. int., tr. dor. (*Reliure de l'époque*.)

Jolie reliure romantique mosaïquée

141. FORTOUL (H.). Les Fastes de Versailles depuis son origine jusqu'à nos jours. *Paris, H. Delloye*, 1839, gr. in-8°,

fig., mar. violet, grande plaque dor. sur les plats, dos orné, tr. dor. (*Boutigny.*)

142. FRANC-MAÇONNERIE. Statuts et réglemens généraux de l'ordre maçonique en France. *Paris, Impr. de Crapelet, An de la V.·. L.·.* 5826, in-8°, veau brun, plats couv. de riches compart. de fil. et de dorures au pointillé, dos orné. (*Rel. de l'époque.*)

143. FRÉVILLE (A.-F.-J.). Beaux traits du jeune âge, suivis de l'histoire de Jeanne d'Arc et du Panthéon des enfans célèbres. *Paris, Parmantier*, 1824, in-12, fig., veau vert, dent. dor. et à fr., dos orné, dent. int., tr. dor. (*Duplanil.*)

Aux armes de la duchesse d'Angoulême.

144. FUNCK-BRENTANO (Frantz). La Régence. 1715-1723. *Paris, Goupil et Cie*, 1909, in-4°, fig., mar. rouge, dent., coins et dos ornés de fl. de lis et de chiffres couronnés, doubl. et gardes de soie rouge, dent. int., tr. dor., couv. conserv., armes du duc d'Orléans sur les plats, chemise et étui. (*Durvand.*)

Quatre planches en couleurs et 57 planches imprimées en camaïeu.

Exemplaire sur papier du Japon (n° XXIX).

145. GAËTE (Duc de). Notions élémentaires de géographie astronomique, naturelle et chimique, par M. le D. D. G. *Paris, Imprim. d'Ange Clo*, 1821, in-8°, mar. citron, compart. de fil. et dent. dor. et à fr., mil. et angles à fr., dos orné de fers dor., doubl. et gardes de soie bleue, large dent. int., mors de mar., tr. dor. (*Ducastin.*)

Bel exemplaire de cet ouvrage tiré à petit nombre.

146. GALIBERT (Léon). Histoire de la République de Venise. *Paris, Furne et Cie*, 1847, gr. in-8°, fig., mar. rouge, dent. à fr. et grande plaque dor. de l'édit. sur les plats, dos orné, dent. int., tr. dor.

Premier tirage. Reliure fraîche. Piqûres dans le papier.

147. Galland. Les Mille et une Nuits, contes arabes traduits par Galland. Edition illustrée par les meilleurs artistes français et étrangers..., augmentée d'une dissertation sur les Mille et une Nuits par le baron Silvestre de Sacy. *Paris, E. Bourdin, s. d.* (1840). 3 vol. gr. in-8°, fig., mar. rouge, avec grande plaque dor. sur les plats, dos orné, tr. dor. (*Boutigny*.)

Premier tirage. Bel exemplaire d'un livre difficile à trouver en pareille condition.

148. Gardel. Persée et Andromède, ballet-pantomime en trois actes. Représenté pour la première fois, sur le Théâtre de l'Académie Impériale de Musique, le 8 juin 1810. *Paris, Bacot*, 1810, in-8° de 32 pp., mar. rouge à long grain, dent. formée d'une guirlande dor., dos orné. *Rel. de l'époque.*

Bel exemplaire dans une reliure très fraiche, aux armes de l'impératrice Marie-Louise, seconde femme de l'empereur Napoléon Ier. Provenance rare.

149. Garros (A.). Esprit de la morale universelle, ou manuel de tous les âges, traduit d'un ancien manuscrit indien par A. Garros. *Paris, s. d.* (vers 1820), in-18, titre imprim. en caract. d'or, mar. rouge, dent., dos orné, doubl. et gardes de soie bleue, large dent. int. et mors de mar., tr. dor. (*Rel. de l'époque.*)

Charmant exemplaire aux armes de Louis-Philippe, alors duc d'Orleans ; le titre porte le cachet de la Bibliothèque du Roi à Neuilly.

150. Gaultier du Lys d'Arc. Voyage de Naples à Amalfi, 3e édition. *Paris, Typographie de Pinard*, 1829, in-18, carte grav. et fig. lithog., mar. citron, dent. dor. et mil. à fr., dos orné, dent. int., tr. dor. *Rel. de l'époque.*

Tiré à petit nombre.

151. Gavarni. Les douze Mois, dernière œuvre de Gavarni. *Paris, Aug. Marc et Cie, s. d.* (1869), titre, 1 f. de texte et 12 pl. hors texte, en 1 vol. petit in-fol., cart. de l'édit., tr. dor.

152. Georgel (Abbé). Mémoires pour servir à l'histoire des événements de la fin du xviiie siècle, depuis 1760 jusqu'en 1806-1810, par un contemporain impartial, feu M. l'abbé Georgel ; publiés par M. Georgel. *Paris, Eymery*, 1817-1818, 6 vol. in-8°, figure du collier, demi-mar. rouge avec coins, dos orné, non rog. (*Rel. de l'époque.*)

Exemplaire ayant appartenu à Louis-Philippe, alors duc d'Orléans, avec ses armes et son chiffre sur les dos des reliures, et le cachet de la Bibliothèque du Roi à Neuilly sur les titres des volumes.

153. Geramb (R. P. M. J. de). Voyage de la Trappe à Rome. *Paris, Ad. Le Clère et Cie*, 1841, pet. in-8°, mar. vert, fil. et ornem. dor. sur les plats, dos orné, dent. int., tr. dor. (*Rel. de l'époque.*)

154. Gessner. La Mort d'Abel. *Paris, Froment*, 1828, in-32, mar. vert, plats couv. de compart. en mosaïque de mar. rouge, citron et brun, dos orné et mosaïqué, dent. int., tr. dor. (*Rel. de l'époque.*)

Jolie petite reliure romantique mosaïquée.

155. Gibert de Montreuil. Roman de la Violette, ou de Gérard de Nevers, en vers du xiiie siècle ; publié pour la première fois, d'après deux manuscrits de la Bibliothèque Royale, par Francisque Michel. *Paris, Silvestre*, 1834, in-8°, fig. en noir, pap. vél., mar. rouge, plats couv. de riches compart. dor., dos orné, doubl. et gardes de soie verte, dent. int., tête dor., non rog. (*Levasseur aîné.*)

Edition tirée à 200 exemplaires (n° 176). Curieuse et riche reliure.

156. Gilbert (Œuvres de). *Paris, Ménard et Desenne*, 1817, in-18, portr. et fig. par Desenne, mar. rouge, fil., coins et mil. dor., dos orné, dent. int., tr. dor. (*Thouvenin.*)

Joli exemplaire sur papier vélin, avec le portrait et les trois figures en épreuves avant la lettre.

157. Girodet-Trioson (Œuvres posthumes de), peintre d'histoire, suivies de sa correspondance ; précédées d'une notice historique, et mises en ordre par P.-A. Coupin. *Paris, Renouard*, 1829, 2 vol. in-8°, portr. et fig., veau rouge, plats couv. de riches compart. à fr., dos orné, dent. int., tr. dor. (*Vogel.*)

Édition ornée de 7 gravures et lithographies, exécutées d'après les dessins originaux de Girodet. Jolies reliures.

158. Gœthe. Les Souffrances du jeune Werther. Traduction nouvelle, ornée de trois gravures en taille-douce. *Paris, Imprim. de Didot*, 1809, in-8°, fig., mar. bleu, bordure composée de jeux de fil., dos orné de fers au pointillé, doubl. et gardes de tabis rose, large dent. int., mors de mar., tr. dor. (*Courteval.*)

Très bel exemplaire sur papier vélin, contenant trois dessins originaux de l'époque au lavis et les trois figures de Moreau, en épreuves avant la lettre. Il provient de la bibliothèque de M. Alfred Piet dont il porte l'ex-libris.

159. Gœthe. Werther, traduit de l'allemand par M. L. de Sevelinges. Nouvelle édition ornée de gravures. *Paris, Imprim. Dentu*, 1825, in-18, 4 fig. par Berthon, veau bleu, dent. à fr. et grand décor en mosaïque de veau rouge, citron, vert et violet sur les plats, dos orné et mosaïqué, dent. int., tr. dor. (*Badiejous.*)

Charmant exemplaire revêtu d'une jolie reliure romantique mosaïquée. Très rare dans cette condition.

160. Gœthe (Poésies de), traduites pour la première fois de l'allemand par Mme E. Panckoucke. *Paris, Panckoucke*, 1825, in-32, mar. violet, compart. de fil. et mil. en mosaïque de mar. rouge, vert et citron, dos orné et mosaïqué, dent. int., tr. dor. (*Thouvenin.*)

Jolie reliure romantique mosaïquée.

161. Goldsmith. Le Vicaire de Wakefield, traduit en français avec le texte anglais en regard, par Ch. Nodier. *Paris, Bourgueleret*, 1838, in-8°, front. et 10 fig., veau vert,

4 fil., dos orné de fers à fr., dent. int., tr. dor. (*Rel. de l'époque.*)

Premier tirage des figures de Tony Johannot.

162. GOLDSMITH. Le Vicaire de Wakefield. Traduction nouvelle par Ch. Nodier. Vignettes par Tony Johannot. *Paris, Hetzel*, 1844, in-4°, fig., mar. vert, grande plaque dor. de l'édit., dos orné, tr. dor.

Reliure très fraiche.

163. GONDAR (Jacques). Chroniques françoises, publiées par F. Michel, suivies de recherches sur le style, par Ch. Nodier. *Paris, Louis Janet, s. d.*, in-12, 4 fig. color., cart. toile dor. en plein, avec ornements spéciaux en relief, dos orné, doubl. et gardes de soie crème, tr. dor. (*Rel. de l'époque.*)

Jolie édition ornée de figures, lettres et bordures en couleur et en or, à l'imitation des anciennes miniatures.
Très curieux cartonnage romantique.

164. GONDAR (Jacques). Chroniques françoises, publiées par F. Michel, suivies de recherches sur le style, par Ch. Nodier. *Paris, Louis Janet, s. d.*, in-12, fig., velours rouge frappé à fr. avec fers spéciaux, tr. dor. (*Rel. de l'époque.*)

Jolie édition imprimée en lettres gothiques et ornée de figures, lettres et bordures en couleur et en or à l'imitation des anciennes miniatures. Curieuse reliure romantique.

165. GONSE (Louis). L'Art japonais. *Paris, Quantin*, 1883, 2 vol. in-4°, pap. vél., fig., cart. de l'édit.

166. GOWER (Lord Ronald Sutherland). Sir Thomas Lawrence, with a catalogue of the artist's exhibited and engraved works. *Paris, Goupil et Cie*, 1900, gr. in-4°, fig., mar. vert, dent. et fil. formant encadr. sur les plats, dos orné, doubl. et gardes de soie verte, dent. int., tr. dor., couv. conserv., chemise et étui. (*Durvand.*)

Un frontispice en fac-similé d'aquarelle, 3 planches hors texte tirées en couleurs et 48 planches hors texte en noir et en camaïeux divers.

Exemplaire sur papier Whatman collert, avec double suite des planches.

167. GRANDVILLE. Un autre monde. *Paris, H. Fournier*, 1844, in-4°, fig. noires et color., chag. vert, avec plaque dor. et à fr. de l'édit., dos orné, tr. dor., couv. et dos conserv.

Premier tirage.

168. GRESSET. Œuvres choisies, précédées d'un essai sur sa vie et ses écrits, par M. Campenon, de l'Académie française. *Paris, Janet et Cotelle*, 1823, in-8°, 1 fig. d'après Desenne, veau rouge, dent. dor. et à fr., et mil. dor. sur les plats, dos orné de fers gothiques, tr. dor. (*Vogel*.)

169. GRESSET. Œuvres choisies. *Paris, au Bureau des éditeurs*, 1829, in-18, mar. violet, plats couv. de riches compart. en mosaïque de mar. rouge, vert et citron, sur fond or, dos orné et mosaïqué, doubl. et gardes de soie rose, dent. int., tr. dor. *Rel. de l'époque.*

On a relié dans le même volume : Œuvres complètes de Bertin. *Paris*, 1829, et Maximes de La Rochefoucauld, suivies des Réflexions et Maximes de Vauvenargues. *Ibid., id.*

Jolie reliure romantique mosaïquée.

170. GUÉRIN (Léon). Les Navigateurs français. Histoire des navigations, découvertes et colonisations françaises. *Paris, Belin-Leprieur et Morizot*, 1847, gr. in-8°, fig., cart. de l'édit. avec plaque dor.

171. GUILLAUME (J.-L.). Horoscope du duc de Bordeaux, dédié à S. A. R. Madame, duchesse de Berri. *Paris, Trouvé*, 1825, in-8°, mar. grenat, dent. à fr. et compart. de fil. sur les plats, dos orné, dent. int., tr. dor. (*Simier*.)

Aux armes de Mgr de Quélen, archevêque de Paris.

172. Guillermin de Montpinay (de). Colonie de Saint-Domingue ou appel à la sollicitude du Roi et de la France. *Paris, Delaunay*, 1819, in-8°, mar. vert, dent. dor. et à fr., dos orné, dent. int., tr. dor. (*Rel. de l'époque.*)

173. Guinot (Eugène). Les Bords du Rhin. *Paris, Furne et Bourdin, s. d.* (1847), gr. in-8°, fig., chagr. vert, avec plaque dor. de l'édit., dos orné, tr. dor., couv. conserv.

174. Guinot (Eugène). L'Été à Bade, illustré par Tony Johannot, Eug. Lami, Français et Jaquemot. 2e édition revue et corrigée. *Paris, Bourdin, s. d.* (1857), gr. in-8°, fig. en noir et pl. de costumes color., chag. vert, dent., armes sur les plats, dos orné, tr. dor. (*Rel. de l'époque.*)

175. Halévy (Ludovic). La Famille Cardinal. *Paris, Calmann-Lévy*, 1883, in-12 carré, front. et vign. dans le texte par Massard, d'après Mas, dos et c. v. br., tête dor., non rog., couv. conserv.

Un des 200 exemplaires sur papier vergé (n° 116). De la collection Calmann-Lévy-Couquet.

176. Hamilton. Contes d'Hamilton. *Paris, Didot*, 1815, 3 vol. — Mémoires du comte de Grammont. *Ibid., id.*, 3 vol. Ens. 6 vol. in-16, v. f., compart. de fil. sur les plats, dos ornés de fers dor., dent. int., tr. dor. (*Hering.*)

De la Collection des meilleurs ouvrages de la langue française, dédiée aux dames.
Jolis exemplaires.

177. Histoire merveilleuse et notable de trois excellens et très renommez filz de Roys : A sçavoir de France, d'Angleterre et d'Ecosse, qui firent, estans jeunes, de grandes prouesses et obtindrent victoires signalées... *Lyon, Benoist Rigaud*, 1579, in-8°, bois sur le titre, mar. rouge, bordure mosaïquée et encadr. de dent.

dor. au pointillé sur les plats, dos orné et mosaïqué, doublé de mar. bleu, dent. int., gardes en vél. dor., tr. dor.

Bel exemplaire de ce roman de chevalerie rare et recherché. Il contient la table des sommaires, qui manque souvent.
Curieuse reliure romantique doublée.

178. **Historial du jongleur** (L'). Chroniques et légendes françaises, publiées par MM. F. Langlé et E. Morice, ornées d'initiales, vignettes et fleurons imités des manuscrits originaux. *Paris, F. Didot*, 1829, gr. in-8°, fig., veau bleu, plats couv. de riches compart. à fr., dos orné de fers à la cathédrale, dent. int., tr. dor. (*Thouvenin*.)

Ouvrage orné de vignettes par Henry Monnier et Eugène Lami.
Bel exemplaire, avec les vignettes et lettres coloriées.
Livre rare à rencontrer en pareille condition.

179. **Hogarth** (William). The works containing one hundred and fifty-eight engravings, by M. Cooke, and M. Davenport, with descriptions... with a comment on their moral tendency, by the Rev. John Trusler. *London, Printed for Thomas Tegg*, 1824, 2 vol. in-4°, portr. et fig., mar. rouge à long grain, compart. de fil. et dent. sur les plats, dos orné, dent. int., tr. dor. (*Rel. anglaise de l'époque*.)

180. **Horace**. Œuvres complètes. *Paris, Panckoucke*, 1831, in-8°, veau rouge, grand décor à fr. sur les plats, dos orné, tr. marbr. (*Rel. de l'époque*.)

Tome I seul : il n'y a pas de tomaison sur le dos de la reliure.

181. **Hugo** (Victor). Notre-Dame de Paris. *Paris, Eug. Renduel*, 1836, in-8°, 1 front. et 11 fig. sur acier, veau fauve, riche décor à fr. à la cathédrale sur les plats, dos orné de fers à fr., tr. dor. (*Rel. de l'époque*.)

Bel exemplaire de la première édition illustrée, contenant les figures sur papier de Chine avec la lettre.

182. HUGO (Victor). Les Voix intérieures. *Bruxelles, Laurent*, 1837, in-32, mar. brun, compart. de 6 fil. et mil. en mosaïque peinte, dos orné et mosaïqué, dent. int., tr. dor. (*Rel. de l'époque*.)

183. IMITATION DE JÉSUS-CHRIST, traduction nouvelle par M. l'abbé F. de La Mennais, avec des réflexions à la fin de chaque chapitre. *Paris, Librairie classique élémentaire*, 1825, in-8°, front. et fig. par Devéria, mar. br., encad. de dent. et fil., mil. dor. sur les plats, dos orné, dent. int., tr. dor. (*Félix*.)

184. IMITATION DE JÉSUS-CHRIST, traduction de M. l'abbé Dassance. Illustrée par MM. Tony Johannot et Cavelier. *Paris, Curmer*, 1837, gr. in-8°, fig., encadrem. à chaque page, veau bleu, compart. de fil. dor. et grand décor à fr. à la cathédrale, dos orné de fers à fr., dent. int., tr. dor. (*Rel. de l'époque*.)

185. JACOB (Gérard). Traité élémentaire de numismatique ancienne, grecque et romaine, composé d'après celui d'Eckhel. *Paris, Aimé-André*, 1825, 2 vol. in-8°, fig. de médailles, cart. rouge, dent. fleurdelisée, dos orné, tr. jaune. (*Rel. de l'époque*.)

Aux armes de la duchesse de Berry et avec son ex-libris gravé à l'intérieur des volumes.

186. JANIN (Jules). Voyage en Italie. *Paris, Bourdin et Cie*, 1839, in-8°, fig., mar. rouge, grande plaque dor. sur les plats, dos orné, tr. dor. (*Boutigny*.)

Bel exemplaire du premier tirage.

187. JANIN (Jules). Un Hiver à Paris. *Paris, Aubert et Curmer*, 1843, gr. in-8°, fig., cart. original, non rog.

Premier tirage de cet ouvrage illustré de vignettes sur bois dans le texte et de 18 grands sujets tirés à part, dessinés par Eugène Lami et gravés sur acier par Heath.
Bel exemplaire, très frais.

188. JANIN (Jules). Un Hiver à Paris. 2e édition. *Paris. Curmer*, 1844, gr. in-8°, fig., chag. (violet, large dent. et mil. dor., dos orné, tr. dor. (*Rel. de l'époque.*

Jolies illustrations d'Eugène Lami.

189. JANIN (Jules). L'Été à Paris. *Paris. Curmer. s. d.* (1843), gr. in-8°, fig., mar. bleu foncé, large dent. et mil. dor., dos orné, tr. dor. *Rel. de l'époque.*

Premier tirage des illustrations d'Eugène Lami.

190. JANIN (Jules). Les Petits Bonheurs. Illustrations de Gavarni. *Paris. Morizot.* 1857, in-8°, fig., cart. de l'édit., avec plaque dor.

Jolies illustrations de Gavarni.

191. JARDIN DES PLANTES (le). Description complète, historique et pittoresque, du Muséum d'histoire naturelle, de la Ménagerie, des Serres, etc., par MM. P. Bernard, L. Couailhac, Gervais et E. Lemaout. *Paris, Curmer*. 1842, gr. in-8°, fig., chag. vert, compart. dor. et à fr., et fers représentant des animaux sur les plats et sur le dos de la rel., dent. int., tr. dor. *Boersch.*

Premier tirage. Tome I seul, sans tomaison au dos de la reliure ; cette dernière est curieuse.

192. JAUFFRET (Mgr), évêque de Metz. De la vraie sagesse, pour servir de suite à l'Imitation de Jésus-Christ, par Thomas A Kempis. *Metz, Collignon.* 1823, in-12, figure, mar. vert, dent. dor. et coins à fr., dos richement orné, doubl. et gardes de soie rouge, large dent. int., mors de mar., tr. dor. (*Duplanil.*)

Charmante et fraîche reliure aux armes de la duchesse de Berry et avec son ex-libris à l'intérieur du volume.

193. JOLY. Les Petits Acteurs du grand théâtre ou recueil de divers Cris de Paris. *A Paris, chez Martinet* (vers 1815), in-4°, cart. de l'époque, init. A. J. sur le premier plat, non rogné.

Suite complète de cette rare collection de 60 planches de costumes en couleurs.

Bel exemplaire non rogné ; faux titre, titre et 8 pp. (y compris le titre) et 60 planches.

Légère tache de rousseur dans la marge supérieure des planches n°s 51 et 52.

194. JULLIEN (Adolphe). Hector Berlioz, sa vie et ses œuvres. Ouvrage orné de 14 lithographies originales par M. Fantin-Latour, de 12 portraits de H. Berlioz, de 3 planches hors texte et de 122 gravures. *Paris, Librairie de l'Art*, 1888, in-4°, fig., br., couv. impr., étui.

195. KEEPSAKE SHAKSPEARIEN (le). Vingt et une charmantes têtes de femmes faisant suite aux Héroïnes de Shakspeare, gravées par Ch. Heath, avec un texte explicatif de Shakspeare, traduction de M. Benjamin Laroche. *Paris, Mandeville, s. d.* (vers 1840), pet. in-4°, portr., chag. orange, grande plaque dor. avec fers spéciaux couvrant les plats, dos orné, tr. dor. (*Rel. de l'époque.*)

196. KLEIST (H. de). La Cruche cassée, comédie en un acte, traduite de l'allemand par A. de Lostalot, avec 34 illustrations gravées sur bois, d'après les compositions originales d'Adolphe Menzel. *Paris, Didot*, 1884, pet. in-fol., fig., cart. de l'édit., couv. conserv.

Un des 50 exemplaires numérotés, sur papier du Japon (n° 25).

197. LA BÉDOLLIÈRE (de). Soirées d'hiver, histoires et nouvelles. *Paris, Curmer*, 1839, pet. in-8°, fig., mar. violet, dent. à fr. et fil dor., dos orné, dent. int., tr. dor. (*Rel. de l'époque.*)

Piqûres dans le papier.

198. LA BRUYÈRE. Les Caractères, suivis des Caractères de Théophraste, traduits du grec par le même. *Paris, Lefèvre*, 1824, 2 vol. in-8°, portr., veau fauve, compart. de fil. dor. et à fr. et riche et belle rosace à fr. sur les

plats, dos orné de fers dor., dent. int., tr. dor. (*Thouvenin.*)

Exemplaire très bien relié; quelques piqûres dans le papier.

199. LA BRUYÈRE. Les Caractères ou les mœurs de ce siècle, suivis du Discours à l'Académie et de la traduction de Théophraste. *Paris, Belin-Leprieur*, 1845, gr. in-8°, fig., chag. br., plats couv. d'une plaque composée de riches compart. dor. dans le goût oriental, dos orné, dent. int., tr. dor. *Rel. de l'époque.*

Bel exemplaire du premier tirage des figures de Grandville, Penguilly et autres. Rare.

200. LA FAYETTE (Mme de). La Princesse de Clèves, suivie de la Princesse de Montpensier. *Paris, Didot*, 1815, 2 vol. — Zayde, histoire espagnole. *Ibid., id.*, 1814, 2 vol. Ens. 4 vol. in-16, veau violet, compart. de 4 fil., dos ornés de fers à fr., dent. int., tr. dor. *Hering.*

De la Collection des meilleurs ouvrages de la langue française, dédiée aux dames. Jolis exemplaires.

201. LA FONTAINE (Fables de). Nouvelle édition, précédée de l'éloge de La Fontaine par Chamfort. *Paris, Parmantier*, 1825, 2 vol. in-8°, portr., mar. rouge à long grain, compart. de fil. dor. et dent. à fr., mil. à fr., dos orné et mosaïqué, dent. int., tr. dor. *Bibolet.*

Belles reliures romantiques d'une exécution et d'un goût parfaits.

202. LA FONTAINE. Fables, avec un nouveau commentaire littéraire et grammatical, par Ch. Nodier. 3e édition, ornée de douze gravures. *Paris, Emler frères*, 1828, 2 vol. in-8°, fig. de Bergeret, mar. violet, encad. de dent. formant portique et mil. dor. sur les plats, dos orné, dent. int., tr. dor. (*Rel. de l'époque.*)

Belles et fraîches reliures.

203. LA GRANGE-CHANCEL. Les Philippiques, odes, avec des notes historiques, critiques et littéraires. *A Paris*,

l'an VI de la Liberté, 1795, in-12, pap. vél., veau rac., dent. et grand décor dor. sur les plats, dos orné de fers au pointillé, dent. int., tr. dor. (*Simier.*)

Curieuse reliure.

204. Lamartine (A. de). Méditations poétiques. 13e édition. *Paris, Ch. Gosselin*, 1825, 1 vol., fig. par Desenne. — Nouvelles méditations poétiques. *Paris, Urbain Canel*, 1824, 1 vol. Ens. 2 vol. in-18, veau rose, pet. dent. à fr., dos orné, dent. int., tr. dor. (*Bibolet.*)

Joli exemplaire.

205. Lamartine (A. de). Méditations poétiques. *Paris, Ch. Gosselin et Furne*, 1837, 2 vol. gr. in-8°, vign. dans le texte, veau bleu, compart. de fil. dor. et grand décor à fr. sur les plats, dos orné, dent. int., tr. dor. (*Ginain.*)

Bel exemplaire très bien relié.

206. Lamartine (A. de). Harmonies poétiques et religieuses. *Paris, Ch. Gosselin*, 1830, 2 tomes en 1 vol. in-8°, veau fauve, dent. dor. et à fr., mil. à fr., dos orné, dent. int., tr. dor. (*Rel. de l'époque.*)

Édition originale.

207. Lamartine (A. de). Jocelyn, épisode (Tome III des Œuvres). *Bruxelles, Laurent*, 1836, in-32, mar. violet, compart. de fil. formant guirlande, coins et mil. mosaïqués, dos orné, doubl. et gardes de papier bleu à ramages, dent. int., tr. dor. (*Rel. de l'époque avec fermoirs en cuivre doré.*)

208. Lamartine (A. de). Jocelyn, épisode. *Paris, Ch. Gosselin et Furne*, 1841, gr. in-8°, front. et fig., mar. vert, compart. dor. et à fr. sur les plats, dos orné, dent. int., tr. dor. (*Rel. de l'époque.*)

Édition ornée de charmantes vignettes dans le texte et de 12 planches à part gravées sur bois d'après les dessins de Marckl, par Hébert, Piaud, etc.

209. LAMARTINE (A. de). Œuvres complètes, en un seul volume. Orné d'un beau portrait. *Bruxelles, J. Boquet*, 1830-1831, 2 tomes en 1 vol. in-8°, portr. et fig., mar. violet, compart. de fil., angles et mil. dor. sur les plats, dos orné, doubl. et gardes de soie crème, dent. int., mors de mar. (*Rel. de l'époque.*)

Rare exemplaire imprimé sur papier de Chine, avec le portrait et les 3 figures de Tony Johannot et de Régnier en épreuves avant la lettre sur papier blanc.

Edition imprimée à 2 colonnes en caractères minuscules.

210. LAMI (Eugène). Quadrille de Marie-Stuart. 2 mars 1829. (*Paris, lith. de Fonrouge*, 1829), in-fol. pl., mar. violet, plats couverts d'un somptueux décor de riches compart. dor. et à fr. dits à la cathédrale, dos orné, doubl. et gardes de moire verte, dent. int., mors de mar., tr. dor. (*Simier, rel. du Roi.*)

Titre et 26 planches de costumes, entrées et vues du bal offert par la duchesse de Berry.

Ces planches, lithographiées d'après les aquarelles d'Eugène Lami, ont été coloriées au pinceau.

Superbe exemplaire dans une riche reliure de Simier, au chiffre de Louise-Charlotte, épouse de François-de-Paule-Antoine-Marie, Infant d'Espagne. De toute rareté dans cette condition.

211. LAMI (Eugène). Recueil contenant les 18 planches d'Eug. Lami pour illustrer : Un hiver à Paris, de J. Janin. *Paris, Curmer*, 1843, grav. s. acier par Heath, en épreuves sur chine monté, avant la lettre, pet. in-fol. obl., cart. toile de l'époque avec fers dor. et à fr.

212. LANTIER (E.-F.). Voyages d'Anténor en Grèce et en Asie, avec des notions sur l'Egypte; manuscrit grec trouvé à Herculanum, traduit par Lantier. 6e édition. *Paris, Buisson, an XI*, 1802, 5 vol. in-18, 5 fig., mar. vert, pet. dent., dos ornés de fers dor. au pointillé, dent. int., tr. dor. (*Bozérian*).

Exemplaire très frais.

213. LANDSCAPE FRANÇAIS (le). Italie. *Paris, L. Janet*, 1833, pet. in-8°, fig. sur acier, velours bleu avec large bor-

dure frappée à fr., tr. dor., étui en mar. bl. (*Rel. de l'époque.*)

214. Landscape français (le). France. *Paris, Louis Janet*, 1834, pet. in-8°, fig. s. acier, mar. bleu, dent. à fr. et mil. dor., dos orné, dent. int., tr. dor. (*Rel. de l'époque.*)

215. Larcher. Mémoire sur Vénus. *Paris, Valade*, 1776, in-12, front. grav., mar. vert, dent. à fr. et compart. dor., dos orné, dent int., tr. dor. (*Simier.*)

216. La Rochefoucauld (de). Réflexions ou sentences et maximes morales, avec un examen critique, par L. Aimé Martin. *Paris, Lefèvre*, 1822, gr. in-8°, portr., mar. bleu, dent. à fr. et compart. de fil. dor., angles ornés sur les plats, dos orné, dent. int., tr. dor. (*Bibolet.*)

Très bel exemplaire sur papier vélin, avec le portrait d'après Petitot en épreuve avant la lettre.

217. La Rochefoucauld (de). Maximes et réflexions morales. *Paris, Imprim. de Didot*, 1827, in-64, mar. rouge, compart. de fil. et coins et mil. en mosaïque de mar. vert, brun et violet, dos orné et mosaïqué, dent. int., tr. dor. (*Rel. de l'époque.*)

Édition imprimée en caractères microscopiques. Piqûres dans le papier.

218. Las-Cases (Comte de). Mémorial de Sainte-Hélène, suivi de Napoléon dans l'exil, par MM. O'Méara et Antommarchi, et de l'historique de la translation des restes mortels de l'empereur Napoléon aux Invalides. *Paris, E. Bourdin*, 1842, 2 vol. gr. in-8°, fig., mar. rouge, plats couv. d'un semis d'abeilles, de l'N couronné et des armes impériales, dos orné, tr. dor. (*Boutigny.*)

Bel exemplaire du premier tirage de cet important ouvrage illustré par Charlet de 500 vignettes dans le texte, de 29 grands sujets tirés à part et de 2 cartes.

219. **Laurent de l'Ardèche.** Histoire de l'empereur Napoléon, illustrée par Horace Vernet. *Paris, Dubochet et Cie*, 1839, gr. in-8°, fig., mar. rouge, grande plaque dor. avec fers spéciaux sur les plats, dos orné de fers spéciaux, tr. dor. (*Rel. de l'époque.*)

Exemplaire du premier tirage. Les feuillets de garde et la garde ont été consolidés à la fin et au commencement du volume.

Belle reliure.

220. **Laurent de l'Ardèche.** Histoire de l'empereur Napoléon, illustrée par Horace Vernet. *Paris, Dubochet et Cie*, 1840, gr. in-8°, fig., mar. violet, plats couv. d'un semis d'abeilles, d'N couronnés, avec, au centre, les armes impériales, dos orné de fers spéciaux, tr. dor. (*Boutigny.*)

Cette deuxième édition contient, en plus de la première, la translation des cendres et les funérailles de l'empereur. Le présent exemplaire renferme les 45 types militaires coloriés de Bellangé.

Bel exemplaire.

221. **Laurent de l'Ardèche.** Histoire de l'empereur Napoléon, illustrée par Horace Vernet. *Paris, Dubochet et Cie*, 1840, gr. in-8°, fig., mar. rouge, fil. dor. et riches compart. à fr. sur les plats, dos orné de fers spéciaux, tr. jasp. (*Saussay.*)

Cette deuxième édition contient, en plus de la première, la translation des cendres de Napoléon et les funérailles de l'Empereur.

Le présent exemplaire ne renferme pas les 45 types militaires coloriés.

222. **Lefébure** (Benj.-Elie). Essais sur l'art métallique, ou traité élémentaire sur la connoissance des mines métalliques, l'art de les exploiter et de les fondre. *Paris, Blaise*, 1820, in-12, mar. rouge, dent. et mil. à fr., fil. dor., dos orné, doubl. et gardes de soie bleue, dent. int., tr. dor. (*Rel. de l'époque.*)

223. Legouvé. Le Mérite des femmes, poème. *Paris, Imprim. de Didot*, an IX, in-18, figure, v. rac., pet. dent., dos orné, dent. int., tr. dor. (*Rel. anc.*)

224. Legouvé. Il Merto delle donne le rimembranze, la malinconia e le pompe funebri, poemetti di G. Legouvé... recati in versi italiani, da Luigi Balochi. *Parigi, Renouard*, 1802, in-18, pap. vél., mar. bleu, pet. dent., dos orné, doubl. et gardes de soie crème, dent. int., tr. dor. (*Bozérian.*)

225. Le Sage. Histoire de Gil Blas de Santillane. *Paris, Imprim. de Didot*, 1819, 3 vol. in-8°, mar. c. de R., dent. à fr., angles et mil. dor., dos orné, dent. int., tr. dor. (*Louis Janet.*)

Bel exemplaire auquel on a ajouté la suite des 24 figures de Smirke.

226. Le Sage. Histoire de Gil Blas de Santillane. Vignettes par Jean Gigoux. *Paris, Paulin*, 1835, gr. in-8°, fig., mar. violet, dent. à fr. et compart. de fil. dor., mil. dor. sur les plats, dos orné, dent. int., tr. dor. (*Rel. de l'époque.*)

Bel exemplaire du premier tirage. Jolie reliure.

227. Le Sage. Le Diable boiteux, illustré par Tony Johannot, précédé d'une notice sur Le Sage par M. Jules Janin. *Paris, E. Bourdin et Cie*, 1840, gr. in-8°, fig., mar. rouge, grande plaque à fr. et mil. dor. avec fers spéciaux sur les plats, dos orné, tr. dor. (*Boutigny.*)

Premier tirage.

228. Lesné. La Reliure, poëme didactique en six chants, par Lesné, relieur à Paris. Seconde édition, dédiée aux amateurs de la reliure. *A Paris, chez l'auteur*, 1827, gr. in-8°, mar. rouge, plats ornés de riches compart. en mosaïque de mar. vert, bleu et rouge, en forme de portique, coins ornés de fers argentés, rosace en mosaïque de mar. bleu au centre des plats, dos orné et mosaï-

qué, doublé de mar. noir avec large dent. et mil. dor., gardes de soie crème avec bordure dor., tr. dor. et ciselée. (*Masquillier*.)

Un des 125 exemplaires (n° 96) sur grand raisin vélin. Superbe reliure romantique mosaïquée et doublée, dans sa boîte de l'époque en demi-mar. noir, dos mosaïqué, doublé de velours bleu.

229. Lettres d'Abailard et d'Héloïse, traduites sur les manuscrits de la Bibliothèque Royale par E. Oddoul. Edition illustrée par J. Gigoux. *Paris, Houdaille*, 1839, 2 tomes en 1 vol. in-8°, fig., chag. violet, avec plaque dor. de l'édit., tr. dor.

Exemplaire contenant les figures sur chine monté avant la lettre.

230. Lille. Recueil des travaux de la Société d'amateurs des sciences, de l'agriculture et des arts, à Lille. Années 1819, 1820, 1821 et 1822. *Lille, Imprimerie de Leleux*. 1823, in-8°, pl., mar. bleu foncé, large dent. composée d'une grande diversité de fers, dos orné, doubl. et gardes de soie crème, dent. int., tr. dor. *Larrivière, rel. à Lille.*

Curieuse reliure romantique, aux armes du roi Louis XVIII.

231. Lireux (Auguste). Assemblée nationale comique. Illustré par Cham. *Paris, Michel Lévy frères*, 1850, gr. in-8°, fig., cart. de l'édit. avec plaque dor., tr. dor.

Premier tirage.

232. Livre d'amour ou folastreries du vieux tems. *Paris, Louis Janet, s. d.* (1821), in-12, titre et 6 fig. color., v. f., dent. dor. et à fr., mil. à fr., dos orné, doubl. et gardes de tabis bleu, dent. int., tr. dor. (*Rel. de l'époque.*)

233. Livre d'amour ou folastreries du vieux tems. *Paris, L. Janet, s. d.* (1821), in-12, titre et 6 fig. color., cart. rose illustré de l'époque, tr. dor., étui.

234. Livre d'amour ou folastreries du vieux tems. *Paris, L. Janet, s. d.* (1821), in-12, titre et 6 fig. color., cart. soie rose de l'époque, dent., dos orné, tr. dor., étui.

235. Livre Mignard ou la fleur des fabliaux. *Paris, L. Janet* (1826), in-12, front. et 6 pl. color., mar. rouge, dent. à fr., fil. dor. et rosace mosaïquée sur les plats, dos orné et mosaïqué, dent. int., tr. dor. (*Rel. de l'époque.*)

Jolie reliure romantique mosaïquée.

236. Livre Mignard ou la fleur des fabliaux. *Paris, L. Janet* (1826), in-12, front. et 6 pl. color., veau brun, dent. dor. et mil. à fr., dos orné, dent. int., tr. dor. (*Rel. de l'époque.*)

Quelques rousseurs dans le papier.

237. Livre de prières et de méditations religieuses, ouvrage traduit de l'allemand du docteur Brunner. *Paris, Treuttel et Würtz*, 1822, in-12, mar. bleu, fil. dor. et décor à fr. sur les plats, dos orné, doubl. et gardes de soie violette, dent. int., tr. dor. (*Doll.*)

238. Longinus (Dionysius). Dionysii Longini quæ supersunt græce et latine. Recensuit, notasque suas atque animadversiones adjecit Johannes Toupius. *Oxonii*, 1778, in-8°, textes grec et latin, mar. citron, dent., dos orné de fers au pointillé, doubl et gardes de soie violette, dent. int., tr. dor. (*Bozérian.*)

239. Longus. Gli amori pastorali di Dafni e di Cloe di Longo Sofista, tradotti dalla lingua greca nella nostra toscana dal commendatore Annibal Caro. *Crisopoli* (Parma), *impresso co' caratteri Bodoniani*, 1786, in-4°, veau fauve, coins et milieux mosaïqués, dos orné, dent. int., non rog.

Edition faite aux dépens du marquis de Brême et tirée à petit nombre.
Curieuse reliure italienne mosaïquée de l'époque romantique.

240. Lucas (H.). Histoire naturelle des lépidoptères d'Europe. Ouvrage orné de près de 400 figures, peintes d'après nature par A. Noël. *Paris*, *Pauquet*, 1834, 1 vol., fig. color. — Histoire naturelle des lépidoptères exotiques. Ouvrage orné de 200 figures peintes d'après nature par Pauquet. *Ibid.*, *id.*, 1835, 1 vol., fig. color. Ens. 2 vol. in-8°, mar. violet, plats ornés de jeux de fil. et de compart. dor., dos orné, dent. int., tr. dor. (*Rel. de l'époque.*)

Beaux exemplaires avec les planches finement coloriées à l'époque.

241. Lurine (Louis) et Brot (Alp.). Les Couvents, illustrés par MM. Tony Johannot, Baron, Français et C. Nanteuil. *Paris*, *Mallet et Cie*, 1846, in-8°, fig., cart. de l'édit., avec plaque.

Premier tirage.

242. Mably (Abbé de). Entretiens de Phocion, sur le rapport de la morale avec la politique, traduits du grec de Nicoclès par l'abbé de Mably. *Paris*, *Bailly et Lamy*, 1783, 2 tomes en 1 vol. in-18, mar. violet, plats couv. de compart. dor. et quadrillés, dos orné de fers dor. au pointillé, doubl. et gardes de tabis rose, dent. int., tr. dor. (*Bozérian.*)

Exemplaire auquel on a ajouté deux dessins originaux au lavis.

243. Mably (Abbé de). Entretiens de Phocion, sur le rapport de la morale avec la politique, traduits du grec de Nicoclès par Mably. *Paris*, *Didot*, *an troisième*, pet. in-fol., 2 fig. par Moreau, mar. rouge, riches compart. de dent. et fil. dor. et à fr., mil. dor., dos orné, doubl. et gardes de moire bleue, dent. int., tr. dor. (*Duplanil fils.*)

Bel exemplaire sur grand papier, au chiffre du roi Louis-Philippe.

244. Mac Carthy (Sermons du R. Père), de la Compagnie de Jésus. *Lyon et Paris*, 1834, 3 vol. in-8°, plats couv. de

riches compart. dor. à la cathédrale, dos orné, dent. int., tr. dor. (*Rel. de l'époque.*)

Jolies et fraîches reliures romantiques, dites à la cathédrale.

245. MAITRES DE L'AFFICHE (les), publication mensuelle contenant la reproduction en couleurs des plus belles affiches illustrées des grands artistes français et étrangers. *Paris, Imprim. Chaix*, 1896-1900, 5 vol. pet. in-fol., planches, cart. illustr. de l'édit.

246. MALHERBE (Poésies de). *Paris, Imprim. de Didot*, 1815, in-8°, pap. vél., mar. citron, dent. à fr. et angles dorés à l'éventail, dos orné de fers au pointillé, dent. int., tr. dor. (*Bozérian jeune.*)

Jolie reliure. Quelques piqûres dans le papier.

247. MALHERBE. Poésies, suivies d'un choix de ses lettres. Edition nouvelle avec des variantes et des notes. *Paris, Janet et Cotelle*, 1822, in-8°, portr., veau rouge, fil. à fr., mil. orné, dos orné, dent. int., tr. dor. (*Rel. de l'époque.*)

248. MALIBRAN (Mme). Album lyrique composé de quatorze chansonnettes, romances et nocturnes; mis en musique avec accompagnement de piano, et dédié au général La Fayette, par Mme Malibran. Orné de son portrait et de quatorze lithographies de MM. Grenier et Devéria. *Paris, Froupenas, s. d.* (vers 1830), in-4°, lithogr. color. et musique grav., mar. bleu, fil., coins ornés de riches compart. mosaïqués, dos orné, dent. int., tr. dor. (*Rel. de l'époque.*)

Jolie reliure mosaïquée avec, au centre du premier plat, ces noms frappés en caractères d'or : Madame *Cinti Damoreau*. Forte tache à deux des lithographies.

249. MALO (Charles). Contes persans, traduits par Ch. Malo. *Paris, Janet, s. d.*, in-18, fig., mar. violet, dent. dor. et dent. et mil. à fr. sur les plats, dos orné, dent. int., tr. dor. (*Rel. de l'époque.*)

250. MANUEL des catéchismes de la paroisse de la Madeleine. *Paris, Rusand et Cie*, 1831, in-12, dessin original sur vél. en regard du titre, mar. violet, dessins encastrés au centre des plats (la Vierge et sainte Madeleine), coins et fermoirs en vermeil, armes des Pastoret gravées sur le fermoir, tr. dor. (*Rel. de l'époque.*

Curieuse reliure romantique.

251. MANUEL COMPLET DE LA TOILETTE, ou l'art de s'habiller avec élégance et méthode, contenant l'art de mettre sa cravate, démontré en 30 leçons, par M. et Mme Stop. 2e édition. *Paris*, 1829, in-18, planche pliée, cart., non rog.

252. MANUSCRIT persan, pet. in-8°, encad. et ornem. dor., rel. anc. en cuir ouvragé.

253. MANUSCRIT. Notice abrégée des collections dont se compose le Musée d'artillerie. Manuscrit d'une bonne écriture du commencement du XIXe siècle, contenant 37 pp., mar. vert, compart. de fil. en forme de portique sur les plats, dos orné de fl. de lis, dent. int., tr. dor. *Bibolet.*

Aux armes du duc d'Angoulême.

254. MANUSCRIT. Descrizione di Pratolino ricino Firenze. Manoscritto di Matilda Salom. *Parigi, 27 luglio* 1833, manuscrit du XIXe siècle, sur papier, contenant 27 ff., y compris la traduction française, mar. violet, plats couv. de fers à fr., dos orné, tr. dor. *Rel. de l'époque.*

255. MANUSCRITS. Poésies fugitives arrangées pour Annette, par L.-C. Bonnaire. *Paris*, 1829, 2 vol. in-4°, figure ajout., veau rose, plats couv. de riches compart. mosaïqués vert, noir, olive et citron, dos ornés et mosaïqués, dent. int., tr. marb. *Rel. de l'époque.*

Manuscrits du XIXe siècle (1829), d'une bonne écriture, contenant 208 et 146 pages. Belles et fraîches reliures romantiques mosaïquées. Initiales A. C. au centre des plats.

256. MARTIN (L.-Aimé). Lettres à Sophie sur la physique, la chimie et l'histoire naturelle. *Paris, Lefèvre*, 1822,

2 vol. in-8°, fig. color., mar. saumon, dent. et grand décor dor. au centre des plats, dos orné, dent. int., tr. dor. (*Doll.*)

Curieuses reliures romantiques d'une couleur de maroquin que l'on rencontre très rarement.

257. **Martineau** (Miss Harriett). Traditions de Palestine, traduction de Mme Amable Tastu. *Paris, Curmer, s. d.* (1838), pet. in-8°, fig. s. bois, mar. vert, compart. dor. sur les plats, dos orné, tr. dor. (*Rel. de l'époque.*)

Ouvrage orné dans le texte de jolies vignettes sur bois, dont plusieurs sont de Meissonier.

258. **Marx** (Roger). Exposition centennale de l'art français, 1800-1900. *Paris, Librairie centrale des Beaux-Arts, s. d.* (1903), in-fol., nombr. pl. en ff. dans le carton de l'édit.

259. **Massillon**. Petit Carême, suivi des sermons... et de l'oraison funèbre de Louis XIV. *Paris, Lefèvre*, 1824, gr. in-8°, portr., mar. violet, plats couv. de compart., de dent. à fr. fil. dor. et au centre d'un décor en mosaïque de mar. rouge, vert et citron sur fond or, dos orné et mosaïqué, dent. int., tr. dor. (*Dauphin, à Lyon.*)

Exemplaire sur grand papier vélin, avec le portrait avant la lettre sur papier de Chine.

Belle reliure romantique mosaïquée.

260. **Masson** (Frédéric). Joséphine, impératrice et reine. *Paris, Goupil et Cie*, 1899, in-4°, fig., mar. vert, large dent., dos orné d'abeilles et d'étoiles, doubl. et gardes de soie grise, dent. int., tr. dor., armes impériales sur les plats, couv. conserv., étui. (*Durvand.*)

Un portrait en couleurs et 41 planches en photogravure dont 33 hors texte.

Exemplaire sur papier du Japon (offert), avec double suite des planches.

261. **Masson** (Frédéric). L'Impératrice Marie-Louise. *Paris, Goupil et Cie*, 1902, in-4°, fig., mar. vert, large dent.,

dos orné, doubl. et gardes de soie grise, dent. int., tr. dorée, armes de l'Impératrice sur les plats, couvert. conserv., étui. (*Durvand.*)

Un portrait en couleurs et 51 planches en photogravure en camaïeux divers.

Exemplaire sur papier du Japon (nº X), avec double suite des planches.

262. MENZEL (Adolphe). Illustrations des œuvres de Frédéric le Grand, par Ad. Menzel, gravées sur bois par O. Vogel, A. Vogel, Fr. Unzelmann et H. Müller. 200 feuillets avec texte de L. Pietsch. *Berlin*, *Wagner*, 1882, 4 vol. in-4º, fig., br., couv. impr. dans les cartons de l'édit.

Importante publication tirée à 300 exemplaires seulement.

263. MÉRARD-SAINT-JUST (De). Son bouquet et vos étrennes. Hommage offert à Mme Bailli, épouse de M. Bailli, député de la Commune de Paris à l'Assemblée nationale. *Pour tous les temps*. (*Paris*. *Didot*. 1789), in-18. mar. citron, dent. à fr. et fil. dor., dos orné, dent. int., tr. dor. (*Thouvenin*.)

Tiré seulement à 12 exemplaires.

264. MERLE (J.-T.). De l'Opéra. *Paris*, *Baudouin*, 1827, in-8º, mar. bleu, dent. dor. et mil. à fr., dos orné, dent. int. (*Rel. de Vanette, élève de Bradel, avec son étiquette.*)

Envoi d'auteur signé à la comtesse Du Cayla.

265. MÉTAMORPHOSES D'ARLEQUIN (Les). Parades jouées sur le Théâtre français. *Paris* (*Lithogr. de Langlumé*), 1828, in-4º obl., cart. de l'édit.

Curieuse suite, sans nom d'auteur, contenant 12 planches lithographiées en couleurs.

C'est la parodie d'un personnage de la Révolution qui ne refusa pas les bonnes places sous l'Empire et sous la Restauration.

266. MICHAUD. Le Printemps d'un proscrit, poème en quatre chants, suivi de l'Enlèvement de Proserpine. *Paris*,

A. *Dupont et Cie*, 1827, in-8°, veau bleu, dent. et mil. à fr., dos orné de fers dor., dent. int., tr. dor. (*Martin*.)

267. Michaud. Histoire des croisades. *Paris*, *Furne et Cie*, 1854, 4 vol. in-8°, front. grav., demi-chag. vert, plats toile, tr. jasp.

268. Mille et un Jours (les). Contes persans, turcs et chinois, traduits par Petit de La Croix, Cardonne, Caylus, etc. Edition illustrée. *Paris*, *Pourrat frères*, 1844, in-8°, fig., cart. de l'édit., avec plaque, tr. dor.

269. Millevoye. Œuvres complètes, dédiées au Roi et ornées d'un beau portrait et de six vignettes. *Paris*, *Ladvocat*, 1823, 6 vol. in-12, portr. et 6 fig. de Devéria, veau rouge, dent. et mil. à fr., dos orné, dent. int., tr. dor. (*Ménard*.)

Joli exemplaire.

270. Millevoye (Œuvres de), précédées d'une notice biographique et littéraire par de Pongerville. *Paris*, *Furne et de Bure*, 1835, 2 vol. in-18, 4 fig. par Tony Johannot, veau vert, fil. dor. et grande rosace à fr. sur les plats, dos orné, dent. int., tr. dor. (*Blaise*.)

271. Milton. Paradis perdu, traduit par Jacques Delille *Paris*, *Giguet et Michaud*, 1805, 3 vol. in-8°, 3 fig. par Monsiau, textes français et anglais, vélin blanc, dent. dor., dos ornés de fers dor. et quadrillés, dent. int., tr. dor. (*Rel. de l'époque*.)

Bel exemplaire dans de fraîches reliures en vélin doré, contenant les 3 figures de Monsiau, en épreuves avant la lettre.

272. Molière. Œuvres complètes, avec des notes extraites des meilleurs commentateurs par M. J. Simonnin. *Paris*, *Mame et Delaunay-Vallée*, 1825, in-8°, portr., impr. à 2 col., veau violet, dent. dor. et à fr., mil. à fr., dos orné, dent. int., tr. marbr. (*Costey*.)

Edition imprimée en caractères microscopiques.

273. Molière. Œuvres complètes, avec les variantes. *Paris, de Bure*, 1834, in-8°, portr., imprim. à 2 col., veau vert, compart. de 8 fil. dor. et large dent. à fr. dite à la grecque sur les plats, dos orné de riches fers à fr., dent. int., tr. dor. (*Simier*.)

Bel exemplaire.

274. Molière (Œuvres de), précédées d'une notice sur sa vie et ses ouvrages par M. Sainte-Beuve, vignettes par Tony Johannot. *Paris, Paulin*, 1835-1836, 2 vol. gr. in-8°, fig., mar. vert, dent. dor. et à fr., dos orné. (*Perreau*.)

Bel exemplaire du premier tirage, en reliure de l'époque.

275. Molinier (E.) et Marcou (Fr.). Exposition rétrospective de l'art français, des origines à 1800. *Paris, Librairie centrale des Beaux-Arts, s. d.* (1901), pet. in-fol., nombr. fig., en ff. dans le carton de l'édit.

276. Molinier (Emile). Le mobilier royal français aux xviie et xviiie siècles. Histoire et description par E. Molinier. *Paris, Goupil et Cie*, 1902, 10 livraisons renfermées dans 2 portef. en cuir grenat.

Belle publication tirée à 200 exemplaires (n° 012), publiée à 1 000 fr. et épuisée.

Dix planches en photogravure dans le texte et 150 planches hors texte en photogravure.

277. Monnier (Henry). Scènes populaires dessinées à la plume par Henry Monnier, ornées d'un portrait de M. Prudhomme et d'un fac-similé de sa signature. *Paris, Levavasseur*, 1830, in-8°, portrait en médaillon sur le titre et 6 fig., cart. de l'époque, non rog.

Edition originale. Rare.

278. Monnier (Henry). Les Bas-Fonds de la société, par Henry Monnier, avec 8 dessins à la plume de F. R. *Edition minuscule tirée à 64 exemplaires, s. l. n. d. Bruxelles, Kistemaeckers*, 1879, in-32, fig., demi-v. f., tête dor., non rog., couv. conserv. (*Champs*.)

279. Montpensier (Duc de). Mémoires du duc de Montpensier (Antoine-Philippe d'Orléans), prince du sang. *Paris, Imprimerie Royale*, 1837, in-4°, portr., mar. rouge, large dent. et mil. dor., dos orné, doubl. et gardes de soie bleue, dent. int., tr. dor. (*Rel. de l'époque.*)

280. Montpensier (Duc de). Mémoires du duc de Montpensier (Antoine-Philippe d'Orléans), prince du sang. *Paris, Imprimerie Royale*, 1837, in-8°, portr., mar. bleu, dent. à fr. et compart. de fil. dor., dos orné, doubl. et gardes de soie rose, dent. int., tr. dor. (*Rel. de l'époque.*)

Exemplaire très frais, au chiffre couronné du roi Louis-Philippe.

281. Musset (Alfred de). Contes d'Espagne et d'Italie. *Paris, Levavasseur et Urbain Canel*, 1830, 1 vol. — Un Spectacle dans un fauteuil. *Paris, Eug. Renduel*, 1833, 1 vol. — Un Spectacle dans un fauteuil. *Paris, Librairie de la Revue des Deux Mondes, et Londres, Baillière*, 1834, 2 vol. Ens. 4 vol. in-8°, demi-rel. mar. grenat, avec coins, dos ornés de fers à fr. et dor., non rog. (*Rel. de l'époque.*)

Editions originales.
Beaux exemplaires dans de jolies demi-reliures de l'époque et non rognés. Très rare dans cet état.

282. Myosotis (le). Keepsake des jeunes personnes Melange de littérature, musique, dessins. *A Paris, chez Romagnesi, s. d.*, pet. in-4°, lithog. d'E. Lassalle comprises dans des encadrem. par Célestin Nanteuil, musique grav., cart. de l'époque.

283. Nadar. La Passion illustrée sinon illustre de N.-S. Gambetta, selon l'Evangile de saint (Charles) Laurent. *Paris, s. d.* (1882), in-16 carré, fig., cart. toile, non rog., couv. conserv.

Edition originale.

284. Naudé (Gabriel). Considérations politiques sur les coups d'Estat. *Sur la copie de Rome. (Hollande, à la Sphère)*, 1667, in-12, mar. vert, compart. de fil., dos orné, doubl. de mar. vert, dent. int., tr. dor. *(Muller, successeur de Thouvenin.)*

285. Nodier (Charles). Histoire du roi de Bohême et de ses sept châteaux. *Paris, Delangle frères.* 1830, in-8°, fig., veau bleu, dent. à fr., coins et mil. dor. sur les plats, dos orné, dent. int., tr. dor. *(Rel. de l'époque.)*

Ce livre est intéressant et recherché, parce que c'est de sa publication que date la rénovation de la gravure sur bois.

286. Nodier (Charles). Journal de l'Expédition des Portes de Fer. *Paris. Imprimerie Royale.* 1844, gr. in-8°, fig., mar. La Vall., grand décor de fers à fr. sur les plats, dent. int., tr. rouge. *(Gruel.)*

Superbe ouvrage illustré de 40 figures hors texte, sur papier de Chine avant la lettre et de nombreuses vignettes dans le texte d'après Raffet, Decamps, Dauzats, etc.

Au verso du faux titre se trouve cette dédicace autographe : « *Donné au nom de Mgr le duc d'Orléans à son ancien officier d'ordonnance, M. le duc d'Elchingen, chef d'escadron, en souvenir d'une campagne à laquelle il a pris part.* »

287. Nodier (Charles). Contes : Trilby ; le Songe d'or ; la Fée aux miettes ; Inès de Las Sierras ; la Légende de sœur Béatrix, etc. Eaux-fortes par Tony Johannot. *Paris, Hetzel.* 1846, gr. in-8°, fig., cart. de l'édit., avec plaque dor., tr. dor.

Premier tirage.

288. Nolhac (Pierre de). La Reine Marie-Antoinette. *Paris. Boussod, Valadon et Cie.* 1890, in-4°, fig., mar. bleu clair, fil., coins et dos ornés de fl. de lis, doubl. et gardes de soie bleue, dent. int., tr. dor., armes de la reine sur les plats, couv. conserv., étui

Un portrait en couleurs et 36 planches en photogravure, dont 28 hors texte.

Exemplaire sur papier vélin.

289. NOLHAC (Pierre de). Louis XV et Marie Leczinska. *Paris, Goupil et Cie*, 1900, in-4°, fig., mar. bleu, large dent., dos orné de fl. de lis, doubl. et gardes de soie crème, dent. int., tr. dor., armes de la reine sur les plats, couv. conserv., étui en dos et c. mar. bleu. (*Durvand.*)

Portrait-frontispice en couleurs et 48 planches en photogravure en noir ou en camaïeux divers.

Exemplaire sur papier vélin.

290. NOLHAC (Pierre de). Louis XV et Mme de Pompadour. *Paris, Goupil et Cie*, 1903, in-4°, fig., mar. bleu, large dent., dos orné de fl. de lis et du chiffre royal couronné, doubl. et gardes de soie crème, dent. int., tr. dor., armes royales sur les plats, couv. conserv., étui. (*Durvand.*)

Deux portraits en couleurs et 48 planches en photogravure en camaïeux divers.

Exemplaire sur papier du Japon (n° XXIX), avec double suite des planches.

291. NOLHAC (Pierre de). J.-M. Nattier, peintre de la cour de Louis XV. *Paris, Goupil et Cie*, 1905, in-4°, fig., mar. bleu, large dent., dos orné, doubl. et gardes de soie bleue, dent. int., tr. dor., couv. conserv., étui.

Quatre portraits en couleurs et 46 planches en photogravure en camaïeux divers.

Exemplaire sur papier du Japon (n° XXIX), avec double suite des planches.

292. NOLHAC (Pierre de). J.-H. Fragonard, 1732-1806. *Paris, Goupil et Cie*, 1906, in-4°, fig., mar. mauve, large dent., dos orné, doubl. et gardes de soie mauve, dent. int., tr. dor., couv. conserv., chemise et étui. (*Durvand.*)

Quatre planches en couleurs et 60 planches en photogravure en camaïeux divers.

Exemplaire sur papier du Japon (n° XXIX), avec double suite des planches.

293. NOLHAC (Pierre de). François Boucher, premier peintre du roi, 1703-1770. *Paris, Goupil et Cie*, 1907, in-4°, fig.,

mar. bleu clair, large dent., dos orné, doubl. et gardes de soie bleue, dent. int., tr. dor., couv. conserv., chemise et étui. *Durvand.*

Quatre planches en couleurs et 56 planches en photogravure en camaïeux divers.

Exemplaire sur papier du Japon (n° XXIX), avec double suite des planches.

294. Nolhac (Pierre de). Mme Vigée-Le Brun, peintre de la reine Marie-Antoinette. 1755-1842. *Paris, Goupil et Cie*, 1908, in-4°, fig., mar. La Vall. clair, large dent., dos orné, doubl. et gardes de soie La Vall., dent. int., tr. dor., couv. conserv., chemise et étui. *Durvand.*

Quatre planches en couleurs et 56 imprimées en camaïeu sur papier de Chine contre-collé sur papier teinté.

Exemplaire sur papier du Japon (n° XXIX), avec double suite des planches.

295. Norvins (de). Histoire de Napoléon. 5e édition. *Paris, Furne*, 1834, 4 vol. in-8°, nombr. fig., portr. et cartes grav., mar. vert, large dent. composée de jeux de fil. avec dor. au pointillé, dos orné, doubl. et gardes de pap. argenté à ramages, dent. int., tr. dor. *Rel. de l'époque.*

296. Norvins (de). Histoire de Napoléon. Vignettes par Raffet. *Paris, Furne et Cie*, 1839, gr. in-8°, fig., chag. rouge, compart. dor. avec l'aigle au centre des plats, dos orné, dent. int., tr. dor. *Simier.*

Premier tirage.

297. Norvins (de). Histoire de Napoléon. 11e édition. *Paris, au Bureau des Publications illustrées*, 1839, 2 vol. in-8°, portr., cartes et fig. par Bellangé, Gros, etc., mar. violet, large dent., dos orné de fers spéciaux, tr. dor. *Rel. de l'époque.*

Curieuses reliures ornées de fers spéciaux (l'aigle couronné, l'N, la statue de Napoléon, le petit chapeau).

298. Nostradamus. Les vrayes Centuries et Prophéties de maistre Michel Nostradamus. Où se void représenté

tout ce qui s'est passé, tant en France, Espagne, Italie, Alemagne, Angleterre, qu'autres parties du monde. *Amsterdam, Jansson à Waesberge*, 1668, in-12, front. et portr. grav., mar. bleu, bordure formée de petits motifs en mosaïque de mar. rouge sur fond or, mil. en mosaïque de mar. rouge, vert et bleu, dos orné et mosaïqué, doublé de mar. bleu avec riches dorures à l'int., garde de soie crème, tr. dor.

Edition qui se joint à la collection des Elzévir. Charmante reliure romantique mosaïquée d'une exécution et d'un goût parfaits : elle n'est pas signée, mais elle est certainement l'œuvre d'un des grands relieurs de cette époque.

299. Nouvelles Heures des dames, contenant l'office du matin et celui du soir. *Paris, Louis Janet, s. d.* (vers 1825), in-18, fig., mar. violet, fil., coins mosaïqués et grande rosace en mosaïque de mar. rouge, vert et citron au centre des plats, dos orné et mosaïqué, dent. int., tr. dor. (*A. Giroux.*)

Très jolie reliure romantique mosaïquée.

300. Office de la quinzaine de Pâques, à l'usage de Paris. *Paris, Louis Janet, s. d.* (1829), in-18, fig., veau vert, plats couv. d'ornem. à fr. à la cathédrale, médaillon au centre des plats (la Vierge et l'enfant Jésus), dos orné, dent. int., tr. dor. (*Rel. de l'époque.*)

301. Office de la semaine sainte, dédié et présenté à S. A. R. Madame, duchesse d'Angoulême. *Paris, F. Janet*, 1818, in-18, fig., mar. bleu, pet. dent., dos orné, dent. int., doubl. et gardes de soie rose, tr. dor. (*Simier.*)

Joli exemplaire aux armes du comte d'Artois.

302. Office de la semaine sainte, ou quinzaine de Pâques, suivant le bréviaire de Paris et de Rome. *Paris, Lefuel*, 1818, in-18, mar. brun, plats couv. de riches compart. en mosaïque de mar. rouge, vert et citron, dos orné, tr. dor. (*Rel. de l'époque.*)

Jolie reliure romantique mosaïquée.

303. Old Nick (E. Forgues). La Chine ouverte ; aventures d'un Fan-Kouei dans le pays de Tsin. Ouvrage illustré par Auguste Borget. *Paris, H. Fournier*, 1845, in-8°, fig., mar. rouge, avec plaque dor. de l'édit., dos orné, tr. dor.

Bel exemplaire du premier tirage

304. Oraisons funèbres de Bossuet, Fléchier et autres orateurs ; avec un discours préliminaire et des notices par M. Dussault. *Paris, Louis Janet*, 1820-1826, 4 vol. in-8°, fig. et portr., mar. rouge, plats ornés de riches compart. dor. et à fr., dos orné, dent. int., tr. dor. (*Simier*.)

Bel exemplaire de cette édition ornée de 22 portraits et de 12 figures gravés d'après les dessins de Desenne, Horace Vernet, Hersent, etc.

Riche reliure de Simier.

305. Papeterie romantique, en forme de pupitre recouv. de mar. violet, avec bordure mosaïquée à l'extérieur, doubl. de soie violette, glace, semainier et encriers à l'intérieur, serrure et clé.

306. Paris incendié, 1871. Recueil de 28 photographies publ. par Ch. Soulier, en 1 vol. — Ruines de Paris, 1871. Recueil de 26 photographies publ. par Lafon, en 1 vol. Ens. 2 vol. pet. in-fol., demi-chag. rouge.

307. Paris-Londres. Keepsake français. *Paris, Delloye*. Années 1837, 1838, 1839 et 1842, 4 vol. in-8°, rel. mar. et chag., avec fers spéciaux, tr. dor. (*Rel. de l'époque non uniformes.*)

Nombreuses illustrations.

308. Paris-Londres. Keepsake français. 1842. *Paris, Delloye*, 1842, gr. in-8°, fig., dos et c. toile verte, tête dor., ébarb.

309. Parny. Portefeuille volé, contenant : le Paradis perdu ; les Déguisemens de Vénus ; les Galanteries de la Bible. *Paris, Debray*, 1805, in-18, pap. vél., mar.

rouge, pet. dent., dos orné de lyres, doubl. et gardes de soie bleue, dent. int., tr. dor. (*Bozérian.*)

310. Parny (Œuvres choisies de), augmentées de variantes de texte et de notes. *Paris, Lefèvre*, 1827, 1 vol., portr. — Œuvres complètes de Parny (la Guerre des dieux ; les Galanteries de la Bible, etc.). Tome II. *Bruxelles, Wahlen*, 1824, 1 vol. Ens. 2 vol. in-8°, mar. grenat, fil. dor. et grande rosace à fr. sur les plats, dos orné, dent. int., tr. dor. (*Muller.*)

Bel exemplaire dans de jolies reliures romantiques.

311. Parny. Œuvres choisies, augmentées des variantes de texte et de notes. *Paris, Lefèvre*, 1827, gr. in-8°, pap. vél., portr., mar. grenat, dent. à fr. et fil. dor., mil. à fr., dos orné, doubl. et gardes de soie rouge, mors de mar., tr. dor. (*Rel. de l'époque.*)

312. Paroissien complet (le Petit), contenant l'office des dimanches et fêtes, suivant le nouveau bréviaire et missel de Paris et de Rome. *Toulouse, Douladoure*, 1813, in-12, mar. vert à long grain, dent. formée de chaînettes dor. alternant avec des étoiles, dos orné de fers dor. au pointillé, doubl. et gardes de soie rose, large dent. int., mors de mar., tr. dor. (*Serre.*)

Précieux exemplaire de l'impératrice *Joséphine*, avec son chiffre couronné sur le premier plat, et les armes impériales sur le second plat.

313. Paroissien complet, contenant l'office des dimanches et des fêtes, en latin et en français, selon l'usage de Paris et de Rome. *Paris, L. Janet, s. d.* (1825), in-18, fig., mar. violet, plats couv. d'un grand décor en mosaïque de mar. rouge, vert et citron, dos orné et mosaïqué, doubl. et gardes de soie blanche, dent. int., tr. dor. (*Rel. de l'époque.*)

Jolie reliure romantique mosaïquée.

314. Paroissien des demoiselles, contenant l'office des dimanches et des fêtes, en latin et en français, *Paris*,

Belin, *s. d.*, pet. in-12. fig., veau fauve, plats couv. d'un riche décor en mosaïque de veau rouge, vert, bleu et fauve, sur fond or, dos orné et mosaïqué, dent. int., tr. dor. (*Rel. de l'époque*.)

Charmante reliure romantique mosaïquée.

315. Pascal (Blaise). Œuvres, précédées d'une notice sur l'auteur par N. Lemercier. Les Pensées. *Paris*, *F. Didot*, 1830, in-8°, mar. vert, plats couv. de jeux de fil. dor. encad. des motifs en mosaïque de mar. rouge, citron et violet, dos orné et mosaïqué, dent. int., tr. dor. (*Rel. de l'époque*.

Bel exemplaire des *Pensées*, dans une jolie reliure mosaïquée romantique.
Très rare dans cet état.

316. Peignot (Gabriel). Essai sur l'histoire du parchemin et du vélin. *Paris*, *Renouard*, 1812, petit in-4°, mar. rouge à long grain, dent., dos orné, doubl. et gardes de soie verte, dent. int., tr. dor. (*Noël*.

Un des deux exemplaires imprimés sur peau de vélin.
Belle et fraîche reliure de l'époque conservée dans un étui.

317. Pellico (Silvio). Mes Prisons, suivies du Discours sur les devoirs des hommes, traduction de M. Antoine de La Tour. Edition illustrée par Tony Johannot. *Paris*, *Charpentier*, 1843, gr. in-8°, fig., mar. vert, rel. de l'édit. avec plaque dor., dos orné, tr. dor.

Premier tirage des figures de Tony Johannot. Lettre du traducteur ajoutée.

318. Pellico (Silvio). Mes Prisons, suivies des Devoirs des hommes, traduction nouvelle par le comte H. de Messey... Edition illustrée d'après les dessins de MM. Gérard Séguin, d'Aubigny, Steinheil, etc... *Paris*, *H. Delloye*, 1844, gr. in-8°, fig., mar. vert, grande plaque dor. de l'édit. sur les plats, dos orné, tr. dor.

Premier tirage.

319. Péréfixe (Hardouin de). Histoire du roi Henri le Grand. Nouvelle édition enrichie d'une notice sur Henri IV par M. Andrieux. *Paris, Ledoux*, 1822, gr. in-8°, portr., mar. violet, compart. de fil. dor., mil. dor. et à fr., dos orné, doubl. et gardes de moire orange, dent. int., mors de mar., tr. dor. (*Doll.*)

Curieuse reliure.

320. Perles et Parures. Les Parures, fantaisie par Gavarni, texte par Méry. *Paris, de Gonet, s. d.* (1850), 1 vol., fig. — Les Joyaux, fantaisie par Gavarni, texte par Méry. *Ibid., id., s. d.* (1850), 1 vol. Ens. 2 vol. gr. in-8°, chagr. rouge, rel. de l'édit. avec grande plaque dor. et fers spéciaux, dos orné, dent. int., tr. dor.

Bel exemplaire du premier tirage contenant les figures en épreuves sur papier vélin avec les marges découpées en dentelles et collées sur fond de couleurs, elles sont légèrement coloriées.

321. Perrault (Ch.). Cendrillon et les fées, illustré par Edouard de Beaumont. *Paris, Boussod, Valadon et Cie*, 1886, in-4°, rel. en imitation de mar. grenat, large dent., gardes de satin crème, tête dor., non rog., étui.

Jolie publication ornée de 32 aquarelles d'Edouard de Beaumont, reproduites en couleurs, elle est épuisée depuis longtemps et très recherchée.

322. Petite Galerie ou Album des enfants pour l'année 1837; 38 sujets variés par MM. Grenier, Deroy, Gavarni, Devéria, David, V. Adam, Sorrieu, etc. *Paris, V. Delarue, s. d.*, pet. in-4° obl., lithog. en noir, demi-bas., 1er plat de la couv. conserv.

323. Pipe cassée (la), poème épitragipoissardihéroïcomique. *Paris, Th. Belin, s. d.*, pet. in-8°, vign. grav., vél. bl., fil. rouges, tête dor., non rog. (*Gilg.*)

324. Pitre-Chevalier. Bretagne et Vendée. Histoire de la Révolution française dans l'Ouest. Illustrée par A. Leleux,

O. Penguilly, T. Johannot. *Paris, Coquebert, s. d.* (1845), gr. in-8°, fig., cart. de l'édit., avec grande plaque dor.

Premier tirage.

325. PLAQUE de reliure allemande, en cuir repoussé, avec personnages.

326. PLÉIADE (la). Ballades, fabliaux, nouvelles et légendes : Homère, Veda-Vyasa, Marie de France, Burger, Hoffmann, Ludwig Tieck, Ch. Dickens, Gavarni, H. Blaze. *Paris, Curmer*, 1842, pet. in-8°, fig., mar. rouge, fil., dos orné, dent. int., tr. dor. *Hardy-Mennil.*

Jolies illustrations de Daubigny, Pauquet, Jacque, Trimolet, etc.
Premier tirage.

327. PORTUGAL. Examen de la Constitution de Don Pedro, et des droits de Don Miguel. *Paris*, 1827. — L'Angleterre et Don Miguel. *Paris*, 1827. — Don Miguel et ses droits. *Paris*, 1828. — Sermens de Don Miguel. *Ibid., id.*, etc... En 1 vol. in-8°, mar. vert, compart. de fil. et coins dorés, dos orné, dent. int., tr. dor. *Rel. de l'époque.*

Bel exemplaire dans une reliure très fraîche aux armes de Don Miguel de Bragance, roi de Portugal.

328. POSTES IMPÉRIALES. Etat général des routes de poste de l'empire français, du royaume d'Italie, etc., pour l'an 1814. *Paris, Imprimerie impériale*, 1814, in-8°, mar. rouge, dent., dos orné d'un N couronné et d'étoiles, doubl. et gardes de tabis bleu, dent. int., tr. dor. (*Rel. de l'époque.*)

Aux armes de l'empereur Napoléon Ier.

329. POUGENS (Charles). Trésor des origines et dictionnaire grammatical raisonné de la langue française. Specimen. *Paris, Imprimerie royale*, 1819, in-4°, mar. vert.

compart. de fil. dor. et à fr. et angles dorés, dos orné, doubl. et gardes de soie blanche, large dent. int., mors de mar., tr. dor. (*Meslant.*)

Belle reliure aux premières armes du duc d'Angoulême.

330. Prévost (Abbé). Histoire de Manon Lescaut et du chevalier des Grieux. Edition illustrée par Tony Johannot, précédée d'une notice historique sur l'auteur par Jules Janin. *Paris, Bourdin et Cie, s. d.* (1839), gr. in-8°, fig., mar. violet, fil. et encadrem. de fers dor. et argentés et mil. ornés sur les plats, dos orné, dent. int., tr. dor. (*Rel. de l'époque.*)

Premier tirage.
Ouvrage difficile à rencontrer dans cette condition. Piqûres dans le papier comme à presque tous les exemplaires reliés à l'époque.

331. Procès-verbaux des séances du Conseil de Régence du roi Charles VIII, pendant les mois d'août 1484 à janvier 1485, publiés d'après les manuscrits de la Bibliothèque Royale, par A. Bernier. *Paris, Imprimerie Royale*, 1836, in-4°, mar. rouge, compart. de dent. et fil. sur les plats, dos orné, doubl. et gardes de tabis bleu, dent. int., tr. dor. (*Rel. de l'époque.*)

Au chiffre couronné du roi Louis-Philippe.

332. Prout (S.). Illustrations of the Rhine, drawn from nature and on stone by S. Prout. *London, Ackermann, s. d.* (vers 1822), pet. in-fol., fig., veau fauve, compart. de fil. dor. et très riche et grand décor de fers à fr. sur les plats, dos orné, non rog. (*Thouvenin.*)

Titre et 24 planches lithographiées en noir.
Très belle reliure.

333. Proyart. Vita di Madama Luisa di Francia, monaca carmelitana scalza, scritta in francese dal sig. Ab. Proyart... Novellamente tradotta... e dedicata a sua maesta Carlo X. *Viterbo*, 1825, in-4°, portr., mar. rouge, large dent., dos orne, tr. dor. (*Rel. de l'époque.*)

Armes royales sur les plats.

334. **Racine** (Jean). Œuvres complètes, revues avec soin sur toutes les éditions de ce poète, avec des notes, par P.-R. Auguis. *Paris, de Fortic*, 1826, in-8°, portr., impr. à 2 col., veau violet, plats ornés de compart. à fr., dos orné de fers à fr. à la cathédrale, dent. int., tr. dor. (*Bibolet.*)

Édition imprimée en caractères microscopiques. Feuillets jaunis et quelques rousseurs dans le papier.

335. **Racine** (Jean). Œuvres complètes. Nouvelle édition collationnée sur les meilleurs textes. *Paris, Furne et de Bure*, 1829, gr. in-8°, portr. et fig. par Chaudet, Desenne, Deveria, Girodet, etc., veau rouge, fil. dor. et grand et riche décor à fr. sur les plats, dos orné, dent. int., tr. dor. (*Thouvenin.*)

Bel exemplaire.

336. **Rameau d'or** (le). Souvenirs de littérature contemporaine. Orné de 15 vignettes anglaises. *Paris, L. Janet, s. d.*, pet. in-8°, fig. sur acier, mar. violet, encadrem. de fil. à fr. et mil. dor. sur les plats, dos orné, dent. int., tr. dor. (*Rel. de l'époque.*)

Édition originale ; quelques taches de rousseur.

337. **Rameau d'or** (le). Souvenirs de littérature contemporaine. Orné de 15 vignettes anglaises. *Paris, Louis Janet, s. d.*, pet. in-8°, fig. sur acier, veau vert, large dent. à fr. et mil. dor., dos orné, tr. dor. (*Rel. de l'époque.*)

Édition originale ; quelques taches de rousseur.

338. **Reiset** (Vicomte de). Marie-Caroline, duchesse de Berry, 1816-1830. *Paris, Goupil et Cie*, 1906, in-4°, fig., mar. citron, 6 fil. et fl. de lis aux coins des plats, dos orné de chiffres couronnés, doubl. et gardes de soie, dent. int., tr. dor., couv. conserv., armes de la duchesse de Berry sur les plats, chemise et étui. (*Durvand.*)

Deux portraits en couleurs et 49 planches en photogravure en camaïeux divers.

Exemplaire sur papier du Japon (n° XXIX), avec double suite des planches.

339. Reliure italienne du XVIe siècle, pet. in-fol., veau fauve, plats couverts de riches ornem. dorés avec milieux découpés contenant des armoiries brodées en or.

Belle pièce encadrée. Haut. : 46 cent. ; larg. : 75 cent.

340. Reliure persane ancienne, gr. in-8°, dent. et ornem. à fr., doublée de peau avec, à l'intérieur, des motifs ouvragés et découpés.

341. Reliure du XVIIIe siècle en vélin, avec riches ornem. peints en différentes couleurs.

Curieuse pièce encadrée.

342. Reliure allemande, pet. in-fol., en cuir repoussé, très ouvragée, avec de nombreux ornements et sujets sur les plats, doubl. de soie bleue. (Peut servir de buvard.)

343. Remembrance (The). Edited by Thomas Roscoe esq. *London, Jennings et Chaplin*, 1831, petit in-8°, fig. s. acier, cart. de l'époque, avec fers à fr., tr. dor.

344. Reybaud (Louis). Jérôme Paturot à la recherche d'une position sociale. Edition illustrée par J.-J. Grandville. *Paris, Dubochet, Le Chevalier et Cie*, 1846, gr. in-8°, fig., mar. grenat, riches compart. en mosaïque de mar. vert, citron et grenat sur les plats, dos orné et mosaïqué, ébarb. (*Rel. de l'époque.*)

Exemplaire du premier tirage ; il a été placé dans une belle reliure romantique mosaïquée.

345. Riccoboni (Mme). Lettres de mistriss Fanny Butlerd à mylord Charles Alfred, comte d'Erford. *Paris, Didot*, 1814, 1 vol. — Lettres de mylady Juliette Catesby. *Ibid., id.*, 1813, 1 vol. — Histoire du marquis de Cressy, suivie d'Ernestine. *Ibid., id.*, 1814, 1 vol. — Lettres de la comtesse de Sancerre, suivies d'Aloïse de Livarot. *Ibid., id.*, 1814, 2 vol. Ens. 5 vol. in-16, veau rose, compart. de 7 fil. sur les plats, dos ornés de fers dor., dent. int., tr. dor. (*Hering.*)

De la Collection des meilleurs ouvrages de la langue française, dédiée aux dames. Jolis exemplaires.

346. RICCOBONI (Mme). Lettres de milady Juliette Catesby, suivies d'Ernestine. *Paris, Werdet et Lequien*, 1826, in-18, mar. vert, fil., dos orné, dent. int., tr. dor. (*Simier.*)

Exemplaire sur papier de Chine, contenant la figure et la vignette en deux états (eau-forte et avant lettre sur chine monté).

347. ROUSSEAU (J.-B.). Œuvres poétiques, avec un commentaire par M. Amar. *Paris, Lefèvre*, 1824, 2 vol. in-8°, portr., veau rouge, plats couv. d'un grand décor à fr., dent. dor. et à fr., dos orné, dent. int., tr. dor. (*Badiejous.*)

Curieuses reliures romantiques; quelques piqûres dans le papier.

348. ROUSSEAU (J.-J.). Œuvres complètes. *Paris, Sautelet, Verdière et Dupont*, 1826, gros vol. in-8°, imprim. à 2 col., veau fauve, fil. dor. et grand décor à fr. à la cathédrale sur les plats, dos orné de fers à fr. également à la cathédrale, tr. marb. (*Thouvenin.*)

Edition imprimée en caractères microscopiques. Un certain nombre de feuillets sont jaunis et ont de fortes rousseurs dans le papier.

349. SABATIER. De la médecine opératoire, par M. Sabatier, chirurgien consultant de S. M. l'empereur et roi. 2e édition. *Paris, l'Huillier*, 1810, 3 vol. in-8°, portr., mar. rouge à long grain, dent. formée d'une guirlande avec semis d'étoiles, dos orné, doubl. et gardes de tabis bleu, dent. int., tr. dor. (*Gaudreau.*)

Papier vélin, portrait avant lettre. Très bel exemplaire aux armes de l'empereur Napoléon Ier.

350. SAILLET (Alex. de). Les jeunes Français de toutes les époques. Illustrés de dessins de MM. Jules David, Mouilleron et Janet-Lange. *Paris, Lehuby, s. d.*, gr. in-8°,

fig., cart. richement doré et mosaïqué, dos orné, tr. dor. (*Rel. de l'époque.*)

Curieux cartonnage.

351. SAINT-HILAIRE (Emile-Marco de). Histoire populaire, anecdotique et pittoresque de Napoléon et de la Grande Armée. Illustrée par Jules David. *Paris, Kugelmann*, 1843, gr. in-8°, fig., mar. vert, grande plaque dor. de l'édit. avec fers spéciaux, dos orné de fers spéciaux, tr. dor.

Premier tirage. Exemplaire lavé et remis dans sa reliure.

352. SAINT-LAMBERT. Les Saisons, poème. *Paris, Imprim. de P. Didot l'aîné*, 1795, 2 vol. pet. in-12, vél. blanc, dent. dor., dos orné de fers au pointillé, doubl. et gardes de soie verte, dent. int., tr. dor. (*Bozérian.*)

Jolies et fraîches reliures en vélin doré.

353. SAINT-LAMBERT. Les Saisons, poème. Nouvelle édition ornée d'une gravure. *Paris, Janet et Cotelle*, 1823, in-8°, figure, mar. bleu, compart. de dent. dor. et à fr., dos orné, dent. int., tr. dor. (*Simier.*)

Aux armes de la duchesse de Berry.

354. SAINT-PIERRE (Bernardin de). Paul et Virginie. *Paris, Imprimerie de P. Didot l'aîné*, 1806, gr. in-4°, portr. et fig., mar. violet foncé, encadrem. de fil. en forme de portique sur les plats, dos orné, dent. int., tr. dor. (*Thouvenin jeune.*)

Bel exemplaire, sur papier vélin, avec le portrait par Lafitte, avec la lettre, et les six figures de Gérard, Girodet, Isabey, Lafitte, Moreau et Prudhon, en épreuves avant la lettre.

Au chiffre de la duchesse de Berry, sur le premier plat, et avec son ex-libris à l'intérieur du volume.

355. SAINT-PIERRE (Bernardin de). Paul et Virginie. *Paris, Deterville et Lefèvre*, 1819, in-18, fig., mar. vert, fil. et angles dor., mil. à fr. en losange, dos orné, dent. int., tr. dor. (*Thouvenin.*)

Charmant exemplaire sur papier vélin, contenant les quatre figures de Moreau et Desenne, en épreuves avant la lettre.

356. Saint-Pierre (Bernardin de). Paul et Virginie, suivi de la Chaumière indienne, du Café de Surate, du Voyage en Silésie, etc. *Paris, Méquignon-Marvis*, 1823, in-8°, fig. et carte, chag. violet, compart. de fil. et dent., dos orné, doubl. et gardes de soie verte, tr. dor. *Rel. de l'époque*.

Exemplaire sur papier vélin, avec les quatres figures de Desenne, en épreuves avant la lettre.

357. Saint-Pierre (Bernardin de). Paul et Virginie, suivi de la Chaumière indienne, du Café de Surate, etc. *Paris, Méquignon-Marvis*, 1823, gr. in-8°, 4 fig. de Desenne et 1 carte, mar. bleu, dent. à fr. et fil. dor., rosace en mosaïque de mar. r. au centre des plats, dos orné et mosaïqué, dent. int., tr. dor. *Thouvenin*.

Exemplaire sur papier vélin, avec les figures avant la lettre. Belle reliure de Thouvenin.

358. Saint-Pierre (Bernardin de). Œuvres posthumes, mises en ordre et précédées de la vie de l'auteur par L. Aimé-Martin. *Paris, Lefèvre et Ledentu*, 1833, gr. in-8°, impr. à 2 col., veau rouge, plats ornés d'un riche décor de fers à fr., dos orné, dent. int., tr. dor. *Simier*.

Belle et fraîche reliure de Simier.

359. Saint-Pierre (Bernardin de). Paul et Virginie. *Paris, Curmer, rue Richelieu*, 1838, gr. in-8°, fig., chag. violet, fil. et riches compart. dorés au centre des plats, dos orné, dent. int., tr. dor. *Simier*.

Bel exemplaire du premier tirage, le portrait de Mme de La Tour est gravé par l'artiste anglais (Cochran). Quelques piqûres dans le papier.

360. Saint-Pierre (Bernardin de). Paul et Virginie. *Paris, Curmer, rue Richelieu*, 1838, gr. in-8°, fig., veau bleu, compart. de dent. et de fil. dor., dos orné, dent. int., tr. dor. *Rel. de l'époque*.

Exemplaire du premier tirage contenant le portrait de la *Bonne Femme* et les divers portraits en épreuves avant la lettre.

361. Saint-Pierre (Bernardin de). Paul et Virginie. *Paris, Curmer, rue Richelieu*, 1838, gr. in-8°, fig., chagr. brun, plats couv. d'une plaque composée de riches compart. dor. dans le goût oriental, dos orné, dent. int., tr. dor. (*Rel. de l'époque.*)

Bel exemplaire du premier tirage. Il ne contient pas les papiers de soie portant le titre des planches.

362. Saint-Pierre (Bernardin de). Paul et Virginie, suivi de la Chaumière indienne. Edition miniature. *Paris, Masson fils*, 1839, in-18, encad. à chaque page, fig. sur chine monté, chag. violet, fil. dor. et à fr., dos orné, tr. dor. (*Rel. de l'époque.*)

Jolie édition illustrée de charmantes vignettes sur bois.

363. Saint-Surin (Rose de). L'Opinion et l'amour, nouvelle contemporaine par Mme de ***. *Paris, Louis Janet, s. d.* (1830), in-18, front. et vign. sur le titre, veau gris, dent., coins et mil. ornés à fr., dos orné, tr. dor., étui. (*Rel. de l'époque.*)

364. Saint-Victor (J.-B. de). Œuvres poétiques. *Paris, Ch. Gosselin*, 1822, in-18, veau rouge, dent. dor. et compart. à fr. sur les plats, dos orné, dent. int., tr. dor. (*Rel. de l'époque.*)

365. Sainte-Beuve (Œuvres de). Poésie. II : les Consolations, 2e édition. *Paris, Renduel*, 1835, in-8°, mar. rouge, fil., grand décor à fr. sur les plats, dos orné, dent. int., tr. dor. (*Kleinhans.*)

366. Sauvigny (de). Les Amours de Pierre Le Long et de Blanche Bazu. *Paris, Imprim. de Ducauroy et Malcost, an IV-1796*, in-12, vél. blanc, dent. à fr. et angles dorés au pointillé à l'éventail, dos orné, doubl. et gardes de soie bleue, dent. int., tr. dor. (*Rel. de l'époque.*)

367. Scènes de la vie privée et publique des animaux, vignettes par Grandville. Études de mœurs contemporaines, publiées sous la direction de M. P.-J. Stahl. *Paris, Hetzel et Paulin*, 1842, 2 vol. gr. in-8°, fig., mar. violet, plats et dos ornés de fers spéciaux dorés, tr. dor. *Rel. de l'époque.*

Bel exemplaire du premier tirage

368. Scott (Walter). Quentin Durward, traduction de Louis Vivien, vignettes de Th. Fragonard, gravées par H. Porret. *Paris, Pourrat et Cie, s. d.* (1839), gr. in-8°, fig., chag. noir, fers dor. et à fr. formant dent. sur les plats, dos orné, tr. dor. *Rel. de l'époque.*

Premier tirage.

369. Sélam (le). Morceaux choisis inédits de littérature contemporaine, orné de 10 vignettes anglaises. *Paris, Astoin et Levavasseur*, 1834, in-12, fig. sur acier, mar. bleu, plats couv. de compart. à fr., tr. dor. *Rel. de l'époque.*

370. Selves (J.-B.). Explication de l'origine et du secret du vrai jury, et comparaison avec le jury anglais et le jury français. *Paris, Maradan*, 1811. — La Mort aux procès. *Ibid., id.* Ens. 2 ouvr. en 1 vol. in-8°, mar. vert, dent., dos orné, dent. int., tr. dor. (*Rel. de l'époque.*

Aux armes de Régnier, duc de Massa.

371. Sem. Album, *s. l. n. d.*, in-fol. en ff. dans un carton.

Album de 25 planches en noir et en couleurs représentant, en caricatures, des personnalités parisiennes.

372. Sewrin. La Fête du village voisin, opéra-comique en trois actes, représenté pour la première fois le 5 mars 1816, sur le théâtre de l'Opéra-Comique. *Paris. Vente*, 1816, in-8°, mar. souple grenat, dent. dor. et mil. à fr., dos orné, dent. int., tr. dor. *Rel. de l'époque.*

373. SHAKESPEARE. Galerie des femmes de Shakspeare, collection de 45 portraits, gravés par les premiers artistes de Londres, enrichis de notices critiques et littéraires. *Paris, Delloye, s. d.* (1838), in-8°, portr., mar. bleu, grande plaque dor. sur les plats, dos orné, tr. dor. (*Boutigny*.)

Bel exemplaire du premier tirage.

374. SHAKESPEARE. Galerie des femmes de Shakespeare. Collection de 45 portraits gravés par les premiers artistes de Londres, enrichis de notices critiques et littéraires. *Paris, Delloye, s. d.* (1838), gr. in-8°, portr., velours bleu, frappé à fr., tr. dor. (*Rel. de l'époque.*)

Premier tirage.

375. SHAKESPEARE. Le Mémorial de W. Shakspere (*sic*). Contes shakspériens, par Ch. Lamb, traduits de l'anglais par M. A. Borghers. *Paris, Baudry*, 1842, in-8°, fig., chag. rouge, plaque dor. sur les plats, dos orné de fers spéciaux, tr. dor. (*Boutigny*.)

Premier tirage.

376. SICILIAN SCENERY from drawings by P. de Wint. The original sketches by major Light. *Published by Rodwell et Martin. London*, 1823, gr. in-8°, planches grav. sur acier, mar. violet, compart. de fil. et grand décor en mosaïque de mar. rouge avec jeux de fil. sur les plats, angles ornés, dos orné et mosaïqué, dent. int., tr. dor. (*Thouvenin*.)

Très belle et fraîche reliure mosaïquée de Thouvenin.

377. SILVESTRE DE SACY. Lettre au citoyen Chaptal... au sujet de l'inscription égyptienne du monument trouvé à Rosette. *Paris, de l'Imprim. de la République, an X-1802*, in-8°, fac-similés, mar. rouge, pet. dent., dos orné, dent. int., tr. dor. (*Rel. de l'époque.*)

Aux armes du comte de Mandre.

378. Simonot. Esquisses historiques, ou coup d'œil rapide jeté sur quinze années de notre histoire nationale. *Paris. Ponthieu*, 1823. 2 vol. in-8°. demi-mar. rouge avec coins. dos orné, non rog. *(Rel. de l'époque.)*

Exemplaire ayant appartenu à Louis-Philippe, alors duc d'Orléans, avec ses armes et son chiffre sur les dos des reliures et le cachet de la Bibliothèque du roi à Neuilly sur les titres des volumes.

379. Soltykoff (Prince Alexis). Voyages dans l'Inde. 2e édition. *Paris. Curmer et Lecou*. 1850-1851, 2 vol. gr. in-8°. fig. cart. de l'édit., avec grande plaque dor.

380. Sterne (Laurence). Voyage sentimental. Traduction nouvelle, précédée d'un Essai sur la vie et les ouvrages de Sterne, par M. J. Janin. Edition illustrée par MM. Tony Johannot et Jacque. *Paris. E. Bourdin, s. d.*, gr. in-8°, fig., chag. bleu. plaque dor. sur les plats. dos orné, tr. dor. *(Boutigny.)*

Premier tirage. Quelques piqûres dans le papier.

381. Sue (Eugène). Les Mystères de Paris. Nouvelle édition. revue par l'auteur. *Paris. Ch. Gosselin*, 1843-1844. 4 tomes en 2 vol. gr. in-8°, fig., demi-chag. vert. avec coins, dos orné de fers dor.. non rog. *(Dugay, rel. à Agen.)*

Premier tirage des illustrations de Daumier, E. de Beaumont, Daubigny, C. Nanteuil, Traviès, etc.; quelques piqûres dans le papier.

382. Sue (Eugène). Le Juif errant. Edition illustrée par Gavarni. *Paris. Paulin*, 1845. 4 tomes en 2 vol. gr. in-8°. fig., demi-rel. chag. violet. dos orné de fers dor., tête dor., ébarb. *(Dugay, rel. à Agen.)*

Premier tirage des illustrations de Gavarni.

383. Sue (Eugène). Mathilde. Mémoires d'une jeune femme. Nouvelle édition revue par l'auteur. *Paris, Ch. Gosselin*, 1844-1845. 2 vol. gr. in-8°. demi-rel. chag. vert.

avec coins, dos orné de fers dor., tête dorée, ébarb. (*Dugay, rel. à Agen.*)

Premier tirage des illustrations de Tony Johannot, Gavarni, etc. Piqûres dans le papier et quelques taches.

384. Surville (Clotilde de). Poésies de Marguerite-Eléonore-Clotilde de Vallon-Chalys, depuis Mme de Surville, poète françois du xve siècle, publiées par Ch. Vanderbourg. *Paris, Henrichs, an XI*-1803, in-8°, front grav., vélin blanc, dent. dor., dos orné de fers dor., dent. int., tr. dor. (*Bozérian.*)

Edition originale sans les 5 figures.
Curieux exemplaire portant sur le feuillet de garde ces mots écrits et signés par Antoine d'Orléans (duc de Montpensier) : *Randan, 28 août 1879. Donné à mon excellent ami Antoine de La Tour.* Ex-libris du duc de Montpensier à l'intérieur du volume.

385. Surville (Clotilde de). Poésies de Clotilde de Surville, poète françois du xve siècle. Nouvelle édition ornée de gravures d'après Colin. *Paris, Nepveu*, 1825, in-12, front. et 9 fig., veau vert, plats couv. d'un décor de fers à fr., dos orné, dent. int., tr. dor. (*Rel. de l'époque.*)

Figures en deux états : noires et coloriées.

386. Talisman (Le), par MM. A. Dumas, Drouineau, T. Gautier, L. Gozlan, Ch. Nodier, de Musset, etc... Orné de vignettes anglaises. *Paris, Leroi*, 1836, in-12, fig. sur acier, mar. violet, plats couv. d'ornem. à fr., tr. dor. (*Rel. de l'époque.*)

387. Tasso (Torquato). La Gerusalemme liberata di Torquato Tasso, con le figure di Giambatista Piazzetta. *In Venezia*, 1745, in-fol., front., portr. et fig., veau rouge, dent. dor. et à fr., coins et milieux mosaïqués sur les plats, dos orné, doubl. et gardes de soie verte, mors de mar. r., dent. int., tr. dor. (*Tavel Ligat*, 1834.)

Belle reliure mosaïquée.

388. Tasso (Torquato). La Gerusalemme liberata, colla vita dell' autore e note storiche ad ogni canto per Giuseppe

Bertinatti. *Brusselle, dalle stampe di Meline*, 1844. gr. in-8°, fig., mar. rouge, avec grande plaque dor. de l'édit., dos orné, tr. dor.

Nombreuses et belles illustrations gravées sur bois.

389. TASSE (Le). Jérusalem délivrée. Poème traduit de l'italien. Nouvelle édition, revue et corrigée, enrichie de la vie du Tasse. *Paris, Bossange, Masson et Besson, an XI*-1803. 2 vol. gr. in-8°, vélin blanc, pet. dent. dor., dos orné de fers dor., dent. int., tr. dor. *(Courteval.)*

Premier tirage de cette édition ornée d'un portrait par Chasselat, gravé par Delvaux, et de 20 figures par Le Barbier, gravées par Bovinet, Dambrun, Delvaux, etc.

Bel exemplaire avec les figures en épreuves avant la lettre et dans de jolies et fraîches reliures en vélin doré.

390. TASSE (Le). Jérusalem délivrée, poème du Tasse, traduit en françois par le prince Le Brun. *Paris, Lefèvre*, 1836, in-8°, portr. et 3 fig., mar. vert, dent. et fil. dor., grand décor à fr. à la cathédrale sur les plats, dos orné, dent. int., tr. dor. *(Rel. de l'époque.)*

391. TASSE (Le). La Jérusalem délivrée, traduction nouvelle et en prose par Philipon de La Madelaine, augmentée d'une description de Jérusalem par M. de Lamartine. Édition illustrée par MM. Baron et C. Nanteuil. *Paris, Mallet et Cie*, 1841, gr. in-8°, fig., chag. violet, grande plaque dor. de l'édit., dos orné, tr. dor.

Premier tirage.

392. TASTU (Mme A.). Poésies, 3e édition. *Paris, J. Tastu*, 1827, in-8°, figure, mar. violet, plats ornés d'un grand décor de fers dor. en forme de portique, grande rosace au centre en mosaïque de mar. violet, citron, rouge et vert, dos orné et mosaïqué, dent. int., tr. dor. *(Martin.)*

Belle reliure romantique mosaïquée.

393. TENCIN (Mme de). Mémoires du comte de Comminge. *Paris, Didot*, 1815. 1 vol. — Le Siège de Calais, nouvelle

historique. *Ibid.*, *id.*, 1815, 1 vol. Ens. 2 vol. in-16, veau bleu, compart. de fil., dos orné, dent. int., tr. dor. (*Hering.*)

De la Collection des meilleurs ouvrages de la langue française, dédiée aux dames.
Jolis exemplaires.

394. THÉODORE, ou le jeune croisé, par miss Cl***. *Paris, Louis Janet*, *s. d.* (vers 1830), in-18, fig., cart. et étui de l'époque en soie violette, dent., dos orné, tr. dor.

395. TIEYS (J.-L.). Fastes poétiques de l'histoire de France. *Paris, Ch. Gosselin*, 1838, in-8°, vign. dans le texte, mar. rouge, grand décor à fr. à la cathédrale sur les plats, dos orné, dent. int., tr. dor. (*Rel. de l'époque.*)

396. TOULOUSE-LAUTREC. Au Cirque, vingt-deux dessins aux crayons de couleurs. *Paris, Goupil et Cie*, 1905. Album in-fol. de 22 pl. en ff. dans un carton.

Tiré à 200 exemplaires numérotés (no 056).

397. TYRTÉE. Les Messéniques, chants militaires de Tyrtée, traduits en vers français par Firmin Didot. *Paris, A.-F. Didot*, 1831, gr. in-8° de 16 pp., mar. violet, dent. dor. et à fr., dent. int., tr. dor. (*Rel. de l'époque.*)

Envoi de M. Didot à monsieur... (le nom a été gratté).

398. ULLIAC-TREMADEURE (Mme). Beauté morale des jeunes femmes. *Paris, Lefuel*, *s. d.* (1829), in-18, avec 8 fig. color., mar. bleu, fil., plats ornés d'un grand décor à la cathédrale en mosaïque de mar. rouge, vert d'eau, bleu et violet, dos orné et mosaïqué, dent. int., tr. dor. (*Rel. de l'époque.*)

Charmante reliure romantique mosaïquée, d'une grande finesse d'exécution et d'un goût parfait; elle n'est pas signée.
Exemplaire lavé et remis dans sa reliure.

399. UZANNE (Octave). Son Altesse la Femme. Illustrations de H. Gervex, Gonzalès, A. Lynch, Ad. Moreau et

F. Rops. *Paris, Quantin*, 1885, gr. in-8°, fig., br. couv. dans son emboîtage orig.

Un des 100 exemplaires numérotés sur papier du Japon (n° 37), avec les planches en deux états.

400. VAUBAN (Comte de). Mémoires pour servir à l'histoire de la guerre de la Vendée. *Paris*, 1806, in-8°, mar. rouge, dent., dos orné, dent. int., tr. dor. (*Rel. de l'époque.*)

Aux premières armes de la duchesse d'Angoulême. Remboîtage.

401. VIRGILII (P. de). Costantina, poëma di P. de Virgilii. *Napoli*, 1840, in-18, veau bleu, compart. de fil., coins ornés de fers au pointillé, dos orné, tr. dor. (*Rel. de l'époque.*)

Exemplaire de la reine Marie-Amélie, femme de Louis-Philippe.

402. VOLTAIRE. Œuvres poétiques, contenant les chefs-d'œuvre dramatiques, la Henriade, la Pucelle, le Temple du goût, les poëmes, contes, satires, etc. *Paris, de Bure*, 1824, in-8°, imprim. à 2 col., portr. sur chine, mar. rouge, large dent. et mil. dor., fers à fr. dits à l'éventail aux angles des plats, dos orné, dent. int., tr. dor. (*Duplanil.*)

Bel exemplaire provenant de la bibliothèque du prince de Talleyrand à Valençay, avec son ex-libris à l'intérieur du volume.

Quelques piqûres dans le papier.

403. VOLTAIRE. La Henriade, poëme de Voltaire, ornée de dessins lithographiques. *Paris, Dubois*, 1825, in fol., portr. et fig., mar. violet, plats couv. de riches compart. dorés, argentés et à fr., dos orné, dent. int., tr. dor. *Rel. de l'époque.*

Édition illustrée de lithographies par Horace Vernet et de portraits par Mauzaisse.

Riche reliure romantique.

Exemplaire lavé et remis dans sa reliure.

404. VOYAGE où il vous plaira, par Tony Johannot, Alfred de Musset et P.-J. Stahl. *Paris, Hetzel*, 1843, in-4°, fig., chagr. violet, avec plaque dor. de l'édit., tr. dor.

Premier tirage.

405. VOYAGES EN FRANCE et autres pays, en prose et en vers, par Racine, La Fontaine, Regnard, etc. 3e édition. *Paris, Briand*, 1818, 5 vol. petit in-12, nomb. fig., mar. br., dent. et mil. à fr., fil. dor., dos orné, dent. int., tr. dor. (*Thouvenin*.)

Joli exemplaire, malgré quelques rousseurs dans le papier.

406. WRIGHT (Révérend G. N.). Paysages historiques et illustrations de l'Ecosse et des romans de Walter Scott ; d'après les dessins de J. M. W. Turner. Scènes comiques, par George Cruikshank. Descriptions, par le Révérend G. N. Wright. Traduit de l'anglais par T. A. Sosson. *Londres, Fisher et fils, s. d.* (vers 1840), 2 vol. in-4°, nomb. fig. s. acier, cart. de l'édit., avec fers spéciaux, tr. dor.

407. WYSS. Le Robinson suisse, traduit de l'allemand de Wyss par Mme Elise Voiart. Orné de 200 vignettes d'après les dessins de M. Ch. Lemercier. *Paris, Lavigne*, 1841, in-8°, fig., chag. violet, avec plaque dor. de l'édit., dos orné, tr. dor.

Premier tirage.

IMPRIMERIE CHAPONET
(JEAN CUSSAC)
7, RUE BLEUE
PARIS

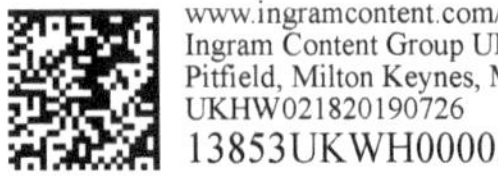

www.ingramcontent.com/pod-product-compliance
Ingram Content Group UK Ltd.
Pitfield, Milton Keynes, MK11 3LW, UK
UKHW021820190726
13853UKWH00003B/1095